Inhalt

ILL JOHNSON•BENI JOHNSON
RIS VALLOTTON•KEVIN DEDMON
ANNY SILK•BANNING LIEBSCHER

GEISTLICHER
ESPRESSO

DESTINY IMAGE® PUBLISHERS, INC.
P.O. Box 310, Shippensburg, PA 17257-0310

Deutsche Ausgabe:
© 2013 Grain-Press, Verlag des Fördervereins Grain-House e.V.
Marienburger Str. 3
71665 Vaihingen/Enz
eMail: verlag@grain-press.de
Internet: www.grain-press.de

Übersetzung aus dem Englischen:
Marion Berger
Satz: Grain-Press
Cover: Grain-Press, Adaption der Originalvorlage.

Bibelzitate sind, falls nicht anders angegeben, der Lutherbibel erklärt, Deutsche Bibelgesellschaft Stuttgart nach der Übersetzung Martin Luthers in der 1956 und 1964 revidierten Fassung

Das lebendige Buch, Das Neue Testament Eine Sonderausgabe der zeitgemäßen Bibelübersetzung Hoffnung für Alle, International Bible Society, 1983

Elberfelder Bibel (revidierte Fassung) Brockhaus Verlag Wuppertal und Zürich entnommen.

Die Bibelzitate wurden der Deutschen Rechtschreibreform angepasst.

ISBN Nr. 9783940538154

EINFÜHRUNG

BILL JOHNSON

Ich stand mit Mike, einem Mitarbeiter aus der Bethel Church in Redding, Kalifornien im Flughafen von Vancouver, Kanada. Es war kalt draußen und wir standen in einer Warteschlange im Starbucks (einer meiner Lieblingsplätze). Während ich in Erwartung auf eine heiße Tasse Kaffee die vertrauten Düfte und Geräusche des Coffee Shops genoss, fiel mir auf, dass Mike so lange mit der Kassiererin sprach. Es kam mir nicht in den Sinn, dass sich da etwas Entscheidendes abspielte. Ich wollte einfach nur einen Kaffee bevor unser nächster Flug ging.

Dann beobachtete ich, wie er die Hand der Kassiererin nahm. Sie schlossen die Augen und senkten ihre Köpfe zum Gebet. Als sie fertig waren, kam Mike zu mir und erzählte, was geschehen war. Während er bestellte, hatte er einen Geist des Selbstmordes auf der Kassiererin gesehen und begonnen, ihr zu dienen, um diese Macht zu brechen. Sie sagte zu ihm: „Gott hat sie heute hierher geschickt."

Ich war völlig getroffen. Alles, woran ich hatte denken können, war Kaffee! Für einen kurzen Moment hatte ich ganz und gar vergessen, dass es im Leben noch wichtigere Dinge gab. So etwas passiert schnell. Unsere Gedanken beschäftigen sich mit den natürlichen Dingen, dabei erodiert unser Glaube auf so subtile Weise, dass wir es kaum wahrnehmen, und schließlich orientieren wir uns nicht mehr an der Realität des Reich Gottes, sondern lehnen uns an der irdischen Wahrheit an, bis wir nur noch „faktisch" denken. In Habakuk 2,2 heißt es: *„Schreib auf, was du geschaut hast, deutlich auf eine Tafel, daß es lesen könne, wer vorüberläuft!"* Die Menschen brauchen Motivation, um aktiv zu werden. Aus diesem Grunde reise, spreche und schreibe ich so viel, wie ich kann. Ich möchte ihnen den Treibstoff geben, mit dem sie aufstehen und losmarschieren können. Ich möchte, dass sie dieselben Offenbarungen bekommen wie ich, denn auch ich profitiere von den Offenbarungen anderer. Wir können nicht einfach gemütlich vor uns hin rudern, wenn wir an der lebendigen, gewaltigen Arbeit im Reich Gottes teilhaben wollen. Wir müssen rennen!

Ich halte mich an Habakuks Rat. Ich schreibe Gottes Gedanken über mein Leben auf, sobald sie sich mir offenbaren. Ich unterstreiche und markiere alles mögliche in meiner Bibel. Ich halte die Prophetien, die ich empfange, auf Karteikärtchen und im Computer fest und trage sie überall mit mir herum. Am Armaturenbrett meines Wagens kleben Merkzettel und manchmal auch an vielen Stellen in der Gemeinde, damit sie mich an das erinnern, was Gott sagt, wenn ich herumlaufe und bete. Ich schreibe Tagebuch für meine Kinder und Enkel, damit sie erfahren, was Gott zu meinen Lebzeiten getan hat. Wir beschäftigen sogar einen Mitarbeiter, dessen einzige Aufgabe darin besteht, die Wunder, die in unserer Gemeinde, durch unsere Gemeinde und durch unsere Teams passieren, zu dokumentieren. Ich möchte, dass die Menschen noch lange nach uns die großen und mächtigen Taten des Herrn kennen, sodass sie mit der entsprechenden Vision weiterlaufen können.

Natürlich nützen schriftliche Aufzeichnungen nur dann etwas, wenn man sie immer wieder durchliest. Das bedeutet, dass man solange auf sie zurückgreift und auf Gottes Verheißungen schaut, bis man sie erlebt! Hier geht es nicht um positives Denken oder darum, sich mittels Einbildung dazu zu bringen, an eine alternative Realität zu glauben. Es geht darum, über das, was Gott gesagt hat, zu meditieren, bis man es sieht und damit loslaufen kann. Es geht darum, sich gegenseitig die echten Gottes-Geschichten zu erzählen, die andernfalls in Vergessenheit geraten würden. Das Zeugnis vom Wirken Gottes hilft uns, im Gedächtnis zu behalten, wer Gott ist, wie Sein Bund aussieht und wer Er für uns sein möchte. Alles, was Gott im Leben eines Menschen getan hat, ist eine Prophetie für diejenigen, die Ohren haben, um zu hören.

Mehrere meiner Mitarbeiter aus der Bethel Gemeinde und ich haben dieses Buch zusammengestellt, weil wir den geistlichen Reichtum, den wir die letzten Jahre in vielen Situationen miteinander geteilt haben, für Sie herausfiltern wollten. Man kann es mit einem Qualitätskaffee vergleichen, den wir Ihnen serviert haben. Jedes Mal, wenn Sie daran nippen, werden Sie sich erwärmt und energiegeladen fühlen, dass Sie mit neuer geistlicher Effektivität in Ihre Welt hinaus treten. Möge das Lesen und die Betrachtung dieser kurzen Kapitel wie „Geistlicher Espresso" für Ihre Seele sein.

Kapitel 1

AGGRESSIVER GLAUBE
BILL JOHNSON

Der Heilige Geist lebt in meinem und in Ihrem Geist. An diesem Ort haben wir Gemeinschaft mit Gott. Wenn wir lernen, von unserem Geist zu empfangen, lernen wir auch, uns vom Heiligen Geist, der in uns wohnt, leiten zu lassen. Auf diese Weise öffnen wir uns Seinem Geist und lernen, im Glauben zu handeln. „*Durch Glauben verstehen wir...*" (Hebräer 11,3). „*Der Glaube kommt allein aus dem Hören der Botschaft*" (Römer 10,17), nicht aus dem Gehört haben. Es ist das zuhörende Herz, im Präsens, welches auf das himmlische Glaubensdepot vorbereitet ist. Das Wesen des Glaubens besteht darin, dass man eine permanente Beziehung zu Gott pflegt. Die Betonung liegt auf dem Hören – im Jetzt!

Ich bin mir sicher, dass auch Sie schon erlebt haben, wie Ihnen beim Lesen der Bibel ein Vers ins Auge springt. Er schenkt Ihnen Leben und Ermutigung, obwohl Sie den Vers vorher nie verstanden haben. Folgendes ist passiert: Ihr Geist empfing vom Heiligen Geist die Leben spendende Kraft des Wortes (siehe 2.Korinther 3,6). Sobald Sie lernen, von Ihrem Geist zu empfangen, wird Ihr Verstand zum Schüler und muss sich dem Heiligen Geist beugen. Durch den Prozess der Offenbarung und die Einübung des Glaubens fängt Ihr Verstand schließlich an, zu verstehen. Der Glaube reflektiert die Welt Gottes in unsere Welt. Er ist die Verwirklichung des unsichtbaren Bereichs (siehe Hebräer 11,1). Wenn ich in unserer Pizzeria eine Pizza bestelle, erhalte ich den Kassenbon und eine Nummer, die ich gut sichtbar auf meinen Tisch legen muss. Jemand könnte nun kommen und behaupten, dass ich keine Pizza kriegen werde. Dann zeige ich einfach meine Nummer und sage: „Wenn die Pizza Nummer 52 fertig ist, gehört sie mir!" Diese Zahl ist die *Verwirklichung* meiner Pizza, auf die ich hoffe. Sollte dieser Mensch mir daraufhin weismachen wollen, dass meine Nummer nichts wert ist, zeige ich ihm meinen Kassenzettel, der genau das Gegenteil beweist. Sobald meine Pizza fertig ist, sucht der Kellner meine Nummer und bringt sie mir an den Tisch.

Wie landet nun das Himmelsprodukt an der richtigen Stelle? Gott sucht nach der Verwirklichung – der Nummer. Die Währung des Himmels ist der Glaube. Meine Belohnung ist bezahlt und mein Kassenzettel (in der Bibel enthalten) bestätigt mein Recht auf die Nummer und die Belohnung. Diese Art von Glaube ist seiner Natur nach aggressiv. Er hat einen Fokus und ein Ziel. Er ergreift die Realität des Reich Gottes und bringt sie entschlossen, ja gewaltsam zur Kollision mit dem natürlichen, unterlegenen irdischen Reich, das nicht standhalten kann. „...*dem Reich der Himmel (wird) Gewalt angetan, und Gewalttuende reißen es an sich.* " *(Matthäus 11,12).*

Das bedeutet nicht, dass unser Glaube laut sein muss. Die Teufel unterscheiden sehr gut zwischen Leuten, die aufgrund ihres Glaubens kühn und aggressiv sind, und jenen, die mit ihrem aggressiven Verhalten lediglich ihre Furcht überspielen. Christen versuchen oftmals ihre Unreife und Angst zu kaschieren, wenn sie Dämonen austreiben – sie schreien und drohen, rufen die Engel zu Hilfe, wedeln mit ihren Händen u.v.m. Aber unsere Autorität kommt aus dem echten Glauben, den man nur in der Ruhe findet. Glaube benötigt ein Klima der Friedsamkeit, um wachsen zu können. (siehe Hebräer 3,11-4,11.) Es ist der Friedefürst, der den Satan „in kurzem" unter unseren Füßen zertreten wird! (siehe Römer 16,20.) Herzen (und Geister), die in Ihm Ruhe finden, triumphieren über alles, was nicht vom Friedefürst ausgeht.

Zwei Blinde saßen am Straßenrand und schrien nach Jesus. Die Leute befahlen ihnen, still zu sein, doch ihre verzweifelte Entschlossenheit wurde dadurch nur noch größer und sie schrien noch lauter. Jesus rief sie zu sich und heilte sie. Er führte ihr Wunder auf ihren Glauben zurück. (siehe Matthäus 9,27.)

Eine Frau, die seit 12 Jahren an Blutfluss litt, schob sich durch eine Menschenmenge. Als sie Jesus endlich erreichte und Sein Gewand berühren konnte, wurde sie geheilt. Er führte ihre Heilung auf ihren Glauben zurück. (siehe Matthäus 9,20-22.)

Es gibt viele solcher Geschichten, und sie enden alle gleich – Menschen erfahren wegen ihres beharrlichen Glaubens Heilung bzw. Befreiung. Ganz gleich, ob der Glaube lauthals geäußert wird oder die Menschen in aller Stille vorwärts drängt: In der geistlichen Welt hat der aktiv gewordene Glaube stets den Anschein von Gewalt. Glaube bemächtigt sich einer unsichtbaren, übergeordneten Realität – und lässt sie nicht mehr los.

Unser Glaube hat seinen Anker im unsichtbaren Bereich. Er bewegt sich vom Unsichtbaren zum Sichtbaren. Unser Glaube realisiert, was er erkennt, und schenkt unserem Herzen und unserem Verstand Augen.

Jesus erwartet von den Menschen, dass sie mit ihrem Herzen sehen. Es ist wichtig, dass wir das verstehen. Einmal bezeichnete er eine Gruppe von religiösen Führern als Heuchler, weil sie das Wetter bestimmen konnten aber nicht die Zeichen der Zeit (siehe Matthäus 16,2-4.) Sie nannten sich zwar geistliche Führer, doch ihre Herzen waren unfähig, geistliche Dinge zu beurteilen. Die Schlechtigkeit ihrer Herzen machte sie blind für Seine Herrschaft. Jesus erklärte ihren Glauben für scheinheilig. Ein Herz, das nicht sieht, ist verhärtet (siehe Markus 8,17-18). Unsere Wiedergeburt versetzt uns in die Lage, mit dem Herzen zu sehen (siehe Johannes 3,3) und das, was wir sehen, in festem Glauben umzusetzen. Der Glaube führt uns nicht nur in die Familie Gottes, sondern stellt vielmehr das *Wesen* des Lebens in dieser Familie dar. Glaube sieht. Er rückt das Reich Gottes ins Zentrum der Aufmerksamkeit. Alle Ressourcen des Vaters, all Seine Wohltaten sind über den Glauben zugänglich.

Jesus gab konkrete Anweisungen, die unser Sehvermögen stärken: *„Trachtet aber zuerst nach dem Reich Gottes..."* *(Matthäus 6,33)*. Er erklärte seinen Anhängern, dass Er nur das tut, was Er Seinen Vater tun sieht (siehe Johannes 5,19). Paulus lehrte: *„Sinnt auf das, was droben ist, nicht auf das, was auf der Erde ist;"* (Kolosser 3,2). Und weiter: *„...denn das Sichtbare ist zeitlich, das Unsichtbare aber ewig."* (2.Korinther 4,18). Aus diesen Worten geht hervor, dass wir unsere Aufmerksamkeit auf das Unsichtbare richten sollen.

Wer mehr möchte, kommt um solche Erkenntnisse nicht herum.

Zum Nachdenken

1. Wie sieht aggressiver Glauben bei Ihnen aus? Was hindert Sie daran, im Glauben zu leben? Was hilft Ihnen, im Glauben zu leben?

....

....

....

2. Jesus erwartet von den Menschen, dass sie mit ihrem Herzen sehen, und Er sagt, dass ein nicht sehendes Herz verhärtet ist. Wörtlich:
   Habt ihr euer Herz verhärtet? Augen habt ihr und seht nicht? Und Ohren habt ihr und hört nicht? Und erinnert ihr euch nicht,...? (Markus 8,17-18)

....

....

....

3. Auf welche Weise verhärtet sich Ihr Herz meistens? Auf welche Weise wird Ihr Glaube dadurch passiv? Auf welche Weise überhören Sie Seine Stimme in der Regel? Was können Sie dagegen tun?

....

....

....

Meditation

Ruhen Sie aus. Ruhen Sie eine Weile aus in der Gegenwart des Leben spendenden Einen, der Herr über Ihren Geist, Ihre Seele und Ihren Körper ist. Auch wenn Sie sich momentan aufgrund Ihrer Situation von Gott entfernt haben, können Sie Ihren eigenen Gedanken Einhalt gebieten und beginnen, aus dem Glauben zu leben. Sein Geist wird Ihnen dabei helfen.

„Bewährten Sinn bewahrst du in Frieden, in Frieden, weil er auf dich vertraut." (Jesaja 26,3). Hören Sie auf Seine Stimme und nicht auf Ihre Sorgen. Vertrauen Sie Ihm und nicht Ihren Ängsten. Öffnen Sie Ihren Geist für den stetigen Einfluss Seines transformierenden Königreichs.

Kapitel 2

DER FLUSS DER GNADE
BANNING LIEBSCHER

Ich habe mal gehört, Gnade ist, „wenn Gott uns dazu ermächtigt, das zu tun, wozu wir berufen sind." Das ist wirklich großartig ausgedrückt. Mit der Gnade in Ihrem Leben besitzen Sie eine Kraft, durch die Sie das tun können, was Ihnen auf dem Herzen liegt. Sei es Bücher schreiben, predigen, ein Unternehmen leiten oder ein heiliges Leben führen, allein die Gnade macht es möglich. Da wo ich in der richtigen Verbindung zu den Leitern stehe, die Gott in mein Leben gestellt hat, fließt die Gnade ungehindert. Dieses Prinzip wird in Psalm 133,1-2 veranschaulicht:

Siehe, wie fein und lieblich ist's, wenn Brüder einträchtig beieinander wohnen! Es ist wie das feine Salböl auf dem Haupte Aarons, das herabfließt in seinen Bart, das herabfließt zum Saum seines Kleides.

Einheit meint das Sicheinfügen, und Öl meint die Salbung des Heiligen Geistes – und die Gnade. Sowie ich mich einer geistlichen Autorität unterstelle, bekommt mein Leben ein besonderes Maß an Gnade, denn das Öl fließt, von meinem Kopf aus beginnend, überall an mir herunter. Ich spüre, wie mich ein Wind vorwärts schiebt. Ich möchte an 1.Petrus 5,5 erinnern: „*Ebenso ihr Jüngeren, ordnet euch den*

17

*Ältesten unter. Alle aber umkleidet euch mit Demut (im Umgang) miteinander; denn 'Gott widersteht den Hochmütigen, den Demütigen aber gibt er **Gnade**.'"* (Hervorhebung d.d. Autor). Es gibt also eine Gnade, für die man unter einem Mantel stehen muss.

Als Kind liebte ich *Slip'N Slides[1]*. Neulich kauften wir unseren Kindern zum ersten Mal eine dieser Wasserrutschen, ein Super-Ding, das viel cooler ist als das, was ich früher besaß. Sie hat zwei nebeneinander liegende Bahnen, auf denen die Kids um die Wette rutschen können. Aus der Mitte schießt das Wasser im hohen Bogen heraus und regnet auf die Oberfläche, bevor es sich am Ende in einem kleinen Pool sammelt, das von einer luftgefüllten Polsterung umgeben ist. Dieses *Slip'N Slide* ist absoluter High-Tech! Meine Frau und ich lachten uns schief, als unsere Kinder voller Entzücken auf dem Plastik dahinsausten – wieder und wieder. Es schien ihnen so viel Spaß zu machen, dass wir uns schon fragten, ob sich auch über Dreißigjährige noch auf eine solche Rutsche wagen dürften.

Slip'N Slides sind der Hammer, sofern sie mit Wasser bedeckt sind. Ohne das H_2O macht man eine völlig andere Erfahrung – die nicht mehr lustig ist. Stellen Sie sich vor, da nimmt einer mit voller Geschwindigkeit Anlauf, hechtet vorwärts und landet in der perfekten Horizontalen auf dem trockenen *Slip'N Slide*. Autsch! Ein Leben ohne Gnade ist wie der Aufprall auf eine Wasserrutsche ohne Wasser. Ich erlebe viele Menschen, die ohne Gnade zu leben versuchen, weil kein Mantel sie bedeckt. Sie haben stets den Eindruck,

---

1   *Slip'N Slide* ist eine Wasserrutsche für Kinder. Sie besteht aus einer zweilagigen, perforierten Plastikfolie, die an einen Gartenschlauch angeschlossen und mit Wasser gefüllt wird. Das Wasser im Inneren spritzt durch die perforierte Oberfläche und macht sie nass und glitschig, sodass die Kinder auf dem Plastik entlang rutschen können.

im Gegenwind zu stehen und nicht vorwärtszukommen. Sie haben das Gefühl, als ob sie fliegen sollten und nicht abheben können.

In meinem Büro sitzen manchmal Leute und erklären mir, dass sie einfach nicht verstehen, warum der Teufel ihnen derart im Weg steht. Aber manchmal ist nicht der Teufel das Hindernis sondern Gott. Sie wollen sich nicht bedecken lassen und deshalb widersteht Gott ihrem Stolz. Ihn im Weg zu haben, ist keine besonders gute Idee. Ich habe selbst erlebt, wie sich der Wind im Leben eines Menschen dreht, sobald er sich die Offenbarung der Bedeckung zunutze macht und sich geistlicher Autorität unterstellt. Anstelle des Widerstandes spürt er, wie ihn der Wind in Richtung seiner Bestimmung treibt.

Im Fluss der Gnade zu sein, bringt eindeutig Vorteile mit sich. Einer davon ist Mut. Gott ruft uns dazu auf, das Unmögliche zu tun, die Welt zu verändern, aber ohne den Mut, der von Ihm kommt, werden wir Seinem Ruf niemals folgen können. Auch Königin Esther benötigte Mut. Mit der Unterstützung ihres Cousins Mordechai, der nach dem Tod ihrer Eltern die Vaterrolle übernommen hatte, schöpfte sie genügend Mut, um ihre Bestimmung vollständig zu erfüllen. Das Resultat davon war, dass eine ganze Nation dem Tod entging.

Ein weiterer Vorzug von Gnade ist Weisheit. Das Buch der Sprüche ermuntert an vielen Stellen dazu, der Weisheit nachzujagen und sie hoch zu achten, und eine erhebliche Anzahl dieser Ermahnungen richteten Väter an ihre Söhne. Das Vermächtnis der Weisheit zeigt sich vor allem auch darin, dass man aus den Fehlern und Erfolgen der Glaubensväter und -mütter lernt. Ich möchte von denen lernen, die älter und weiser sind als ich. Manche Dinge werde ich selbst herausfinden müssen, trotzdem will ich von der Weisheit der älteren Generation so viel wie möglich in mich aufnehmen.

Wer sich demütig unter den Mantel seiner Ältesten begibt, profitiert zudem von dem Schutz, der davon ausgeht. Der Geist der Unabhängigkeit hat zu viele Menschen von der Gemeinschaft abgeschnitten, und die Pfeile des Feindes regnen auf sie herab. Es ist wirklich nicht kompliziert. Wenn Sie im Regen stehen und nicht nass werden wollen, dann springen Sie doch einfach unter einen Schirm.

Ein weiterer Pluspunkt ist die starke Identität, die man gewinnt, wenn man im richtigen „Regen" steht, nämlich unter der „Regen"tschaft der Gnade. Das Wissen, wer man in Gott ist, erzeugt Geborgenheit, und diese Geborgenheit erzeugt Zuversicht. Über viele Jahre hinweg habe ich vorwiegend mit Jugendlichen und Erwachsenen gearbeitet. Wenn ich über das Thema Gnade und Bedeckung lehrte, betonte ich daher ständig, wie wichtig es ist, dass die jüngere Generation die ältere ehrt. Aber in Maleachi heißt es, dass sich das Herz der Väter zu den Söhnen wenden wird – und das Herz der Söhne zu den Vätern (siehe Maleachi 3,24). Die Wertschätzung muss von beiden Seiten ausgehen. Die Generationen brauchen einander und müssen wie ein Staffellauf-Team die Staffelübergabe beherrschen. Wir wollen keine starke Ausgießung des Heiligen Geistes erleben, ohne gleichzeitig zu wissen, wie man den Stab erfolgreich weitergibt.

Gnade fließt herab. Stehen Sie im Fluss der Gnade?

Zum Nachdenken

1. Haben Sie schon einmal darüber nachgedacht, wie Gnade fließt? Ist Ihnen schon aufgefallen, dass sehr viel von der Gnade Gottes durch die Menschen fließen muss, die Er über uns gesetzt hat? Wen hat Er über Sie gesetzt, um Sie mit Mut, Weisheit, Schutz und Identität auszustatten?

....

....

....

2. Haben Sie jemals die Erfahrung gemacht, dass Sie, anstatt Gottes Gnade zu empfangen, auf Seinen Widerstand stießen? Wie hat sich das angefühlt? Was haben Sie unternommen?

....

....

....

3. Haben Sie während dieser Erfahrung zu irgendeinem Zeitpunkt beschlossen, sich „unter den Schirm zu begeben"? Wie ist das passiert? Glauben Sie, dass Sie heute unter einem Schirm der Gnade stehen?

....

....

....

Meditation

Benutzen Sie die Augen Ihres Herzens und schauen Sie sich um. Paulus betete,

> *„Und er gebe euch erleuchtete Augen des Herzens, damit ihr erkennt, zu welcher Hoffnung ihr von ihm berufen seid, wie reich die Herrlichkeit seines Erbes für die Heiligen ist „(Eph 1,18).*

Meditieren Sie über die Beziehungen in Ihrem Leben und was Ihre „Erbschaft der Heiligen„ ist. Versuche Sie mit der Hilfe des Heiligen Geistes seine Gnade in Form von Mut, Weisheit, Bewahrung und Identität zu erkennen. Bitten Sie Gott, Ihnen zu helfen, dass Sie sich immer mehr in den Fluss Seiner Gnade begeben können.

Kapitel 3

DER SICHERE ORT

DANNY SILK

Gott, der Schöpfer des gesamten Universums, schuf die Menschen für die Freiheit, aber genau genommen vertraute Er die Freiheit speziell Seinem Volk an. C.S.Lewis stellt dieses Faktum in seinem christlich-apologetischen Werk *Pardon, ich bin Christ* ausführlich dar:

> Gott erschuf Wesen, denen er einen freien Willen gab, das heißt Wesen, die sich für oder gegen das Gute entscheiden können. Manche Menschen versuchen sich zwar ein Wesen vorzustellen, das wohl frei ist, aber keine Möglichkeit hat, sich für das Böse zu entscheiden; ich kann mir ein solches Wesen nicht vorstellen. Wenn jemand die Freiheit zum Guten hat, dann hat er auch die Freiheit zum Bösen. Und es ist die Willensfreiheit, die das Böse möglich gemacht hat.
>
> Weshalb aber gab Gott dem Menschen einen freien Willen? Weil der freie Wille – obschon er das Böse ermöglicht – auch das einzige ist, was Liebe und Güte und Freude überhaupt möglich werden läßt. Welchen Sinn hätte eine Welt von Robotern, von Wesen, die wie Maschinen funktionieren? Das Glück, das Gott seinen höheren Geschöpfen zugedacht hat, sollte darin

bestehen, daß sie freiwillig und ohne Zwang in einem
Rausch von Liebe und Wonne mit ihm und miteinander
vereint sein können, gegenüber dem selbst die leiden-
schaftlichste Liebe zwischen Mann und Frau verblassen
muß. Aber dafür mußten sie frei sein.[2]

Freie Menschen zu leiten ist nicht ganz einfach. Die
Schwierigkeit liegt in der Gefahr, dass sie ihre Freiheit missbrauchen könnten. Dennoch lohnt es sich, dieses Risiko
einzugehen, auch wenn, im Gegensatz zu Gott, zu viele in
unseren Kirchen das nicht begreifen. Die Gefahr des Miss-
brauchs ragt so drohend vor uns auf, dass der Siegespreis der
echten Freiheit dahinter verschwindet. Dadurch entwickeln
wir eine Angst, die in den vermeintlich freien Gesellschaf-
ten endemisch werden kann. Obwohl sich die Vereinigten
Staaten als Führer der sogenannten „freien Welt" verstehen, grassiert dort die Angst. Als Gläubige werden wir sehr
viel Kraft brauchen, wenn wir die Furcht aus unserer Kultur
verdrängen und dafür sorgen wollen, dass sich das Vertrauen
zu Gott und den Menschen ausbreitet. Und selbstverständlich gilt es, die Wertschätzung, die der Himmel der Freiheit entgegenbringt, in unser eigenes Glaubenssystem ein-
zuspeisen.

Wenn wir im Sinne von Lewis unsere Freiheit für die
Liebe verwenden, wird unsere eigene Freiheit und Freude
und die unserer Mitmenschen bewahrt und kultiviert. Leiter
müssen viel leisten, angefangen vom Definieren der Wirklichkeit bis hin zum Erreichen produktiver Ziele. Aber die
Betonung des Himmels liegt eindeutig woanders: Wer ohne
Liebe ist, macht nur Lärm (siehe 1.Korinther 13,1). Leiter, die im Prozess der Zielerreichung die Liebe auslöschen,

---

2   vLewis, C. S.: „Pardon ich bin Christ". Meine Argumente für
den Glauben. Basel (Brunnen-Verlag) 19. Taschenbuchauflage 2008.

haben vielleicht die irdischen Prioritäten erfüllt. Aber für die höheren Ziele des Himmels müssen wir die Liebe und damit die Freiheit kultivieren und bewahren, weil es keine Liebe ohne Freiheit gibt. Gott ist Liebe und Sein Reich ist ein Reich der Freiheit. Wo Gott ist, fühlen sich Menschen frei. Ist das nicht der Fall, dann sollten wir uns fragen, warum. Warum gibt es nicht mehr Orte der Freiheit? Könnte es daran liegen, dass viele Menschen, darunter auch Leiter, die Führung Gottes in ihrem Leben falsch interpretieren?

Ich meine, dass Gott uns vor allem einen *sicheren Ort* schaffen möchte, an dem wir entdecken können, wer wir sind und wozu wir hier sind. Ein sicherer Ort ist ein Ort, wo man den Missbrauch von Freiheit nicht fürchten muss und Vertrauen und Liebe in seinen Beziehungen riskieren kann. In dem Moment, da wir die Freiheit durch Liebe ausdrücken, kultivieren wir einen sicheren Ort, weil *Sicherheit* und *Verbundenheit* die Essenz der Liebe ist.

Nun glauben die meisten Menschen, Gott möchte, dass wir brav sind und nicht aus der Reihe tanzen. Wir hegen die Vorstellung, dass Er zwar geduldig aber immer am Rande des Zorns ist. Aber bedenken Sie, was Gott durch den Propheten Jesaja gesagt hat:

„Denn die Berge mögen weichen und die Hügel wanken, aber meine Gnade wird nicht von dir weichen und mein Friedensbund nicht wanken, spricht der HERR, dein Erbarmer." *(siehe Jesaja 54,10).*

An dieser Stelle unterstreicht Gott, dass Er keineswegs unkalkulierbar ist, sondern sich fortwährend in guter Laune befindet. Er möchte, dass wir in gesegneter Gewissheit leben. Wir sollen wissen, dass wir in Seiner Obhut sicher sind und uns in der Freiheit entspannen können, die mit Jesus einhergeht. Diese simple Wahrheit sollte mittlerweile bekannt sein, besonders nachdem Jesus vor zweitausend Jahren den Neuen Bund eingeführt hat. Durch unseren Bund mit Gott befinden wir uns an einem sicheren Ort, an dem wir als Menschen erst richtig aufblühen. Die nährende Wirkung Seiner Gegenwart bringt uns zur Vollendung.

Gott hat eine kleine Drüse namens *Amygdala* in unser Gehirn gepflanzt. Sie stellt eine mandelförmige Kernmasse dar, die tief in unserem Temporallappen sitzt. Diese Drüse bestimmt vor allem unser emotionales Verhalten in Angstsituationen. Sobald etwas Bedrohliches passiert, kommt Ihre *Amygdala* zum Einsatz und überschwemmt Ihren Körper mit Botschaften wie z.B.: *Reagiere! Wehr dich! Lauf weg! Kämpfe!* Man muss kein Quantenphysiker sein um zu erkennen, dass sich Menschen, die zu Tode erschrocken sind, nicht gerade in ihrer kreativen Bestform befinden. Man muss nur einmal beobachten was bei einem Rettungsversuch eines Ertrinkenden passiert, der in Panik um sich schlägt. Wer nicht vorsichtig ist, gerät dabei selbst in Gefahr.

Aber wo Menschen an einem sicheren Ort auf andere Menschen treffen, die das *Shalom* des Himmels in sich tragen, können Gnade, Frieden, Vertrauen und gegenseitige Liebe gedeihen. Die Struktur der Leiterschaft sorgt dafür, dass der Fluss der himmlischen Realität erhalten bleibt. Vertrauen und Annahme werden kommuniziert. Nicht lange und die potentielle Salbung und Kreativität der Einzelnen steigt langsam an die Oberfläche und die Menschen finden Raum, um ihre Gaben in der Gemeinde einzusetzen. Zeichen und Wunder geschehen und werden zum Alltag. Geistliche Ketten fallen ab. Und die Menschen werden anfangen, die Welt mit dem Reich des Himmels, welches auf ihnen ist, zu verändern.

Zum Nachdenken

1. Hat es in Ihrem Leben schon „unsichere" Zeiten gegeben? Gab es auch Zeiten, die sicher waren? Vergleichen Sie das Gefühl des Wohlbefindens mit dem Gefühl der Sicherheit, das sie damals empfanden.

    ....

    ....

    ....

2. „Verbinden Sie die Punkte" Ihrer Erfahrungen. Wie hat die Sicherheit Ihre Gefühle und Motivation wie Freude, Friede und Kreativität verstärkt? Wie hat die *Unsicherheit* Sie dazu gebracht, sich zurückzuziehen? (Überlegen Sie zum Beispiel, wann Sie das letzte Mal krank oder verletzt waren und inwieweit Sie unter diesen Umständen noch liebevoll mit Ihren Mitmenschen umgehen konnten.)

    ....

    ....

    ....

3. Ist Ihre Gemeinde ein sicherer Ort? Ihr Arbeitsplatz? Ihr Zuhause? Befinden Sie sich in einem dieser Bereiche in der entsprechenden Position, um das Maß der Sicherheit erhöhen zu können?

    ....

    ....

    ....

Meditation

Wo befinden Sie sich gerade? Sind Sie an einem sicheren Ort? Erkennen Sie Ihre vorherrschenden Gefühle und Gedanken und können Sie sie Ihrem himmlischen Vater bringen in dem einfachen Vertrauen, dass Er *für* Sie ist?

Bitten Sie Ihn, dass Er Ihren Geist und Ihre Seele zur Ruhe bringt. Sobald Sie innerlich zur Ruhe gekommen sind (vielleicht waren Sie es ja schon), fragen Sie Ihn, was Er in diesem Augenblick mit Ihnen vorhat. „Empfänger- oder Gebermodus, Herr?"

Bitten Sie Ihn, dass Er Sie „zu stillen Wassern" führt (siehe Psalm 23) und Ihnen sichere Orte schenkt, aus denen Sie die inneren Ressourcen schöpfen können, die Sie in furchteinflößenden Momenten brauchen.

Kapitel 4

WER SCHICKT DEN STURM?

BILL JOHNSON

Die Stürme des Lebens bieten manchmal hervorragende Chancen, um zu wachsen. Aber es kommt sehr darauf an, um welche Art von Sturm es sich handelt. Manche Stürme, obwohl vom Teufel geschickt, können dazu anreizen, dass wir uns wieder auf das besinnen, was Gott uns bereits offenbart hat. Sie stellen Wunder dar, die darauf warten, dass sie geschehen, wie zum Beispiel in Markus 4,35-41:

Und an jenem Tag sagte er zu ihnen, als es Abend geworden war: Laßt uns zum jenseitigen Ufer übersetzen! Und sie entließen die Volksmenge und nehmen ihn im Schiff mit, wie er war. Und andere Schiffe waren bei ihm. Und es erhebt sich ein heftiger Sturmwind, und die Wellen schlugen in das Schiff, so daß das Schiff sich schon füllte. Und er war hinten im Schiff und schlief auf dem Kopfkissen; und sie wecken ihn auf und sprechen zu ihm: Lehrer, kümmert es dich nicht, daß wir umkommen? Und er wachte auf, bedrohte den Wind und sprach zu dem See: Schweig, verstumme! Und der Wind legte sich, und es entstand eine große Stille. Und er sprach zu ihnen: warum seid ihr so furchtsam? Wie habt ihr keinen Glauben? Und sie fürchteten sich mit großer Furcht und sprachen zueinander: Wer ist denn dieser, daß auch der Wind und der See ihm gehorchen?

Aber wenn Gott deutlich machen möchte, dass wir in die falsche Richtung gehen, schickt Er auch andere Stürme, wie zum Beispiel jenen allbekannten:

Da warf der HERR einen gewaltigen Wind auf das Meer, und es entstand ein großer Sturm auf dem Meer, so daß das Schiff zu zerbrechen drohte. Da fürchteten sich die Seeleute und schrien um Hilfe, jeder zu seinem Gott. Und sie warfen Geräte, die im Schiff waren, ins Meer, um ihre schwierige Lage zu erleichtern. Jona aber war in den untersten Schiffsraum hinabgestiegen, hatte sich hingelegt und schlief fest. Da trat der Kapitän an ihn heran und sagte zu ihm: Was ist mit dir, du Schläfer? Steh auf, ruf deinen Gott an! Vielleicht wird der Gott sich auf uns besinnen, so daß wir nicht umkommen. (Jona 1,4-6)

In diesen beiden Abschnitten lesen wir von Stürmen, die jeweils ihren eigenen Zweck erfüllten. Der eine kam von Gott, der andere vom Teufel. In beiden Fällen schlief ein Mann auf dem Schiff, der eine, weil er deprimiert war und sich dadurch einer unangenehmen Lage entziehen wollte, und der andere, weil er aus dem Reich Gottes heraus lebte und es dort zum entsprechenden Zeitpunkt nicht stürmte.

Die Frage ist nun, in welchem Sturm Sie sich gerade befinden und ob Sie mit ihm so umgehen, wie Gott es wünscht. Haben Sie aus den Wundern der Vergangenheit „gelernt" und einen adäquaten Ort des Glaubens für Ihre aktuellen Herausforderungen gefunden?

Der Sturm der Jünger war vom Teufel gesandt, um sie vom Willen Gottes wegzubringen. Jonas Sturm war von Gott gesandt, um ihn zum Willen Gottes zurückzubringen. Manche Leute erleben Stürme, weil sie nach links abbogen, als Gott rechts einbog. In Seiner Gnade sendet Gott einen Sturm, um sie zurückzutreiben. Andere wiederum erleben

Stürme, weil sie mitten im Willen Gottes stehen. Gott mag zwar keine Stürme, aber Er benutzt sie, um uns beizubringen, wie wir die Werkzeuge, die Er uns gegen sie in die Hand gegeben hat, am besten einsetzen. Die meisten von uns denken, sie müssten zu Gott schreien, wenn sie in einem Sturm stecken, damit Er eingreift. Aber das ist nicht Sinn und Zweck der Sache. Gott lässt niemals einen Sturm zu, ohne vorher die Werkzeuge zur Verfügung zu stellen, mit denen er besänftigt werden kann. Er möchte, dass wir sie benutzen, damit ein Wunder geschieht. Dieser Glaube hatte bei den Jüngern gefehlt, und Jesus tadelte sie dafür. „Moment mal," mögen sie gedacht haben, „wir hatten genug Glauben, um Dich zu wecken. Und Du hast getan, worum wir Dich baten. War das etwa falsch?" Offensichtlich ja. Jesus machte ihnen klar, dass es ihre Verantwortung gewesen war, dem Sturm Einhalt zu gebieten.

Wir sind genauso. Mit unseren Gebeten wollen wir Gott oftmals dazu bringen, die Probleme auf der Erde zu lösen. Aber vielleicht möchte Er stattdessen, dass wir den Stürmen Einhalt gebieten. Vielleicht möchte Er, dass wir die Lage aus der Perspektive des Himmels betrachten und das Wort des Herrn aussprechen, um anschließend dabei zuzusehen, wie der Himmel die Erde erobert.

Ich empfinde sehr viel Liebe und Respekt für den Fürbittedienst, zumal ich mit einer Fürbitterin verheiratet bin. Aber viele Fürbitter nennen es „Fürbitte", wenn sie die ganze Zeit weinen und klagen und deprimiert sind. Doch bis zum Glauben dringen sie nicht vor.

Ich weiß, wie das ist. Auch ich habe in meinem Leben Zeiten gehabt, in denen ich mit viel Disziplin äußerst lange und sehr fleißig betete. Alles in allem war es richtig eindrucksvoll, wenn man die Anzahl der Stunden nimmt. Gott ließ es durchgehen, weil Er sah, wie aufrichtig ich es meinte.

Aber in Wirklichkeit hatten meine Gebete sehr wenig mit Glauben zu tun. Die meiste Zeit war ich deprimiert, entmutigt oder „beladen". Das Tragische daran ist, dass viele Gläubige nicht zwischen der Last des Herrn und dem Gewicht ihres eigenen Unglaubens unterscheiden können. Je schlechter sich manche Leute nach ihren Gebeten fühlen, desto mehr freuen sie sich über ihre Salbung als Fürbitter. Natürlich kann man so anfangen, aber dann sollte man alles Nötige unternehmen, um in eine Glaubenshaltung zu kommen. Denn nur so wird man in der Lage sein, die Situation vom Himmel aus zu betrachten – und mit ein oder zwei einfachen Worten den Himmel auf die Erde zu bringen.

Sie sollten Gott nicht in stundenlangen Gebeten suchen, wenn Sie entmutigt sind. Man muss vorher beten und wie Jesus Gott an einem ungestörten Ort anrufen, solange die Welt noch in Ordnung ist. Auf diese Weise sammelt man Kraft und schafft sich eine innere Atmosphäre des Friedens und Glaubens, auf die man in schwierigen Situationen zurückgreifen kann.

Wir sollten auch nicht unsere Wunder vergeuden. Wir sollten nicht einfach dastehen und zuschauen, wie Gott etwas Großartiges tut, um anschließend mit einem schwachen Applaus und einem dünnen „Amen" unverändert wegzugehen.

Zum Nachdenken

1. Denken Sie an Ihre schwerste Auseinandersetzung oder Krise im letzten Jahr. Können Sie in Ihrem Leben irgendwelche Werkzeuge identifizieren, die Gott Ihnen zur Lösung dieses Problems in die Hand gegeben hat? Auf welche Weise könnte Er die Situation dazu benutzt haben, um Sie auf die Zukunft vorzubereiten?

   ....

   ....

   ....

2. Manche Lehrer behaupten, dass Gott gerne bis zur letzten Minute wartet, ehe er eingreift und Seine Souveränität demonstriert. Sie halten dies für Seine nette und clevere Art, um uns zu zeigen, dass Er nie die Kontrolle verliert. Die Leute sagen: „Gott kommt nie zu früh oder zu spät, aber immer rechtzeitig." Wenn Er prinzipiell erst in letzter Minute eingreift, dann in der Regel nur, weil wir nicht die Werkzeuge einsetzen, die wir bereits haben. Denken Sie mal darüber nach!

   ....

   ....

   ....

Meditation

Gott lässt Probleme in Ihrem Leben zu, damit Sie sie besiegen – und nicht bloß um Hilfe rufen. Ihre Werkzeuge liegen im Boot, auch wenn der Teufel Ihnen den Wind ins Gesicht bläst, damit Sie vor lauter Angst vergessen, wo sie liegen.

Die meisten von uns können sich mit den Jüngern auf dem stürmischen See identifizieren. Wir loben sie vielleicht sogar dafür, dass sie das Richtige getan haben, als sie riefen: „Lehrer, kümmert es dich nicht, dass wir umkommen?" Aber Jesus wandte sich um und fragte sie, warum sie keinen Glauben hätten.

Mobilisieren Sie inmitten des Sturms Ihren Glauben an den Einen, der Ihnen zeigen wird, wo Sie die Werkzeuge abgelegt haben. Egal woher Ihr Sturm kommt, Sie wurden für diesen Moment geschult und Sie *wissen*, was zu tun ist.

Kapitel 5

WACHSENDE GUNST

BILL JOHNSON

Wer in einer Demokratie aufgewachsen ist, mag den Gedanken seltsam finden, dass Gott manchen Menschen mehr Gunst schenkt als anderen.

Gottes Gunst und Seine Liebe sind nicht dasselbe. Es gibt nichts, was Seine unermessliche Liebe mindern könnte. Aber selbst Jesus musste *„an Gunst bei Gott und den Menschen"* zunehmen (Lukas 2,52). Dieser Vers erstaunt mich. Ich kann verstehen, dass Er in der Gunst der Menschen wachsen musste, aber warum ebenso in der Gunst Gottes, Seines Vaters? Er war doch in jeder Hinsicht perfekt.

Die Antwort lautet, dass Jesus Seine Göttlichkeit beiseite legte und alles, was Er tat, *als Mensch* tat, um uns als Vorbild dienen zu können. Daher musste Er wie wir alle geprüft werden. Bei Seiner Taufe empfing Er Seine Salbung vom Heiligen Geist. Aber anstatt sofort Seinen Dienst anzutreten, führte Ihn der Heilige Geist in die Wüste. Dort wurde Er vom Feind versucht, besonders im Hinblick auf das Wort, das kurz zuvor über Ihn ausgesprochen worden war. Wenn man sich im Lukasevangelium den Bericht darüber anschaut, stellt man fest, dass Er *„voll Heiligen Geistes"* in die Wüste ging und *„in der Kraft des Geistes"* zurückkehrte (Lukas 4,1;14). Da Er die Prüfung bestanden hatte, wurde mehr Gunst freigesetzt, sodass Er Sein Potential noch besser entfalten konnte. Gemäß Seinem Vorbild muss jeder von uns in der Gunst wachsen, wenn er seine Bestimmung in Gott erfüllen will. Aber Gunst, weil sie so herrlich und gewaltig ist, ist etwas Schwerwiegendes. Deshalb schenkt uns Gott in Seiner Gnade nur soviel Gunst, wie unser Charakter bewältigt, und führt uns von Herrlichkeit zu Herrlichkeit, von Glaube zu Glaube und von Kraft zu Kraft.

Wenn sich unser Charakter weiterentwickeln soll, damit wir unser Potential als Könige und Priester voll ausschöpfen können, müssen wir uns zunehmend im Herrn zu stärken wissen. Als die Amalekiter die Stadt Ziklag angriffen, waren David und seine Männer gerade unterwegs. Bei ihrer Rückkehr fanden sie nur noch rauchende Asche vor – und ihre schutzlos zurückgebliebenen Frauen und Kinder waren mitsamt ihren Besitztümern verschleppt worden. Erbittert und wütend drohte das Volk, David zu steinigen.

Aber David gewann ihre Gunst zurück und führte sie zum Sieg.

Und David war in großer Bedrängnis, denn das Volk sprach davon, ihn zu steinigen. Denn die Seele des ganzen Volkes war erbittert, jeder (war erbittert) wegen seiner Söhne und wegen seiner Töchter. Aber David stärkte sich in dem HERRN, seinem Gott (1.Samuel 30,6).

Es half. Seine Männer scharten sich um ihn und gemeinsam spürten sie die Amalekiter auf und holten sich alles wieder zurück.

Wie können wir die unverzichtbare Fähigkeit lernen, uns selbst zu dienen und zu stärken? Dazu muss man verstehen, dass sich David in Ziklag nicht zum ersten Mal im Herrn stärkte. Er konnte in dieser verzweifelten Situation deshalb so entschlossen vorgehen, weil er den Herrn schon seit Jahren suchte. Er hatte Gott im Verborgenen gesucht, wenn niemand zusah, und war stets wieder auf die Füße gekommen, auch wenn die Lage, menschlich gesprochen, noch so düster erschien.

Wir mögen Gottes Kraft unter einem positiven Gruppenzwang und einem Momentum von Gottes Herrlichkeit in der Gemeinde erleben, aber was ist, wenn wir auf uns allein gestellt sind? Gott wusste, dass David ein erfolgreicher Führer sein würde, da er ebenjene Reife besaß, die Gott sich von uns wünscht. Menschen, die „auf den Füßen landen", wenn alles Kopf steht, haben eine geistliche Zähigkeit entwickelt. Kein Burnout und kein moralisches Versagen kann sie in die Knie zwingen. In allen Schwierigkeiten halten sie an Gott fest.

Eines aber möchte ich klarstellen: Wenn wir lernen, uns selbst zu stärken, dann bedeutet dies keinesfalls, dass wir einen unabhängigen Lebensstil entwickeln sollen. Unser Leben als Gläubige muss weiterhin um den Dienst, die Liebe und die gegenseitige Unterstützung im Leib Christi kreisen. Gott wird dafür sorgen, dass wir in unserem Leben immer wieder Momente haben, in denen wir mit unseren Schwierigkeiten und Prüfungen alleine dastehen, damit wir an Reife und Gunst zunehmen und die Menschen um uns herum segnen können. Dann wird er sogar die Augen und Ohren unserer besten Freunde verschließen − auf dass wir lernen, uns selbst zu dienen.

Machen Sie Ihren Freunden keine Vorwürfe, wenn sie Sie in schweren Zeiten im Stich lassen. Versuchen Sie nachzuvollziehen, worauf es Gott ankommt, und seien Sie ein „schneller Lerner". Gott möchte Ihnen neue Werkzeuge in die Hand geben (neu für Sie zumindest). Er möchte, dass Sie mündig werden und wie Er aus Ihrem freien Willen heraus denken und handeln. Mündig sind jene Gläubige, denen Er die Geheimnisse Seines Herzens anvertrauen kann und die Seine Gunst nicht für ihre eigenen Absichten verwenden, sondern für Seine.

Die Beschreibung von Davids Leben in der Bibel ist nicht ausschließlich zur Inspiration gedacht. Man muss nur die Berichte über seine Sünden lesen, um zu wissen, dass er mitnichten ein Superheld war. Sein Leben ist vielmehr ein Aufruf an alle Gläubigen. Wenn ein Sünder, der viele hundert Jahre vor dem Kreuzestod Jesu lebte, eine solche Gunst bei Gott erlangen konnte, wie viel mehr sollten diejenigen, die das Blut Jesu bedeckt, in der Lage sein, eine noch größere Bestimmung zu erlangen - nämlich Christus ähnlich zu sein und Sein Werk auf diesem Planeten zu vollenden.

Sie und ich sind in die Himmel versetzt in Christus Jesus (siehe Epheser 2,6). Wenn Jesus also in diesem Moment auf dem Thron Davids sitzt, dann auch wir! Uns ist die Autorität verliehen, Sein Reich an jedem Ort zu bauen, auf den unsere Fußsohlen treten. Doch obwohl Gott uns als „Könige" bezeichnet, ist es eine Frage des Potentials, bis zu welchem Grad wir diese Position bekleiden. Die Verantwortung für unser Potential hingegen liegt nicht bei Gott. Es erfordert unsere Mitwirkung.

Zum Nachdenken

1. Erklären Sie in eigenen Worten die Aussage: „Gottes Gunst und Seine Liebe sind nicht dasselbe." Warum musste Jesus wie wir *„an Gunst bei Gott und Menschen"* zunehmen (Lukas 2,52)?

....

....

....

2. Warum muss Gott uns prüfen?

....

....

....

3. Haben Sie sich schon einmal wie David selbst im Herrn gestärkt? Wie lange ist das her? Was haben Sie zwischen ihren Krisenzeiten unternommen, damit Sie sich beim nächsten Mal selbst im Herrn stärken können?

....

....

....

Meditation

Nehmen Sie sich heute vor, irgendwann ins „Verborgene" zu gehen und sich bewusst zu machen, wer Gott ist. Rühmen Sie Seine Größe und versuchen Sie, eine Bibelstelle zu finden, die Ihre persönliche Identität als Sein Sohn bzw. Seine Tochter stärkt. Sie können mit dem Lied beginnen, das im Himmel gesungen wird:

> ... *denn du bist geschlachtet worden und hast durch dein Blut für Gott erkauft aus jedem Stamm und jeder Sprache und jedem Volk und jeder Nation und hast sie unserem Gott zu* **Königen und Priestern** *gemacht, und sie werden über die Erde herrschen (Offenbarung 5,9-10, Hervorhebung durch den Autor).*

Tun Sie das, sooft Sie können, damit Sie auf Zeiten der Prüfung vorbereitet sind.

Kapitel 6

VERGESSEN OHNE ZU VERGESSEN
KRIS VALLOTTON

Amputierte Menschen leiden im Allgemeinen unter dem sogenannten „Phantomschmerz". Dieses Schmerzempfinden tritt auf, wenn gewisse körperliche Signale, die scheinbar von dem abgetrennten Gliedmaß ausgehen, von Nervensystem und Gehirn empfangen und falsch interpretiert werden. Die Betroffenen bekommen das Gefühl, als sei ihr amputierter Arm oder Fuß noch da. Das Spektrum reicht vom dumpfen bis zum scharfen, stechenden Schmerz sowie Pochen oder Brennen. Das ist kein Witz, sondern eine Tatsache. Amputierte müssen sich immer wieder bewusst machen, dass der Schmerz nur in ihrer Einbildung existiert.

Mit unseren Erinnerungen an die eigene sündhafte Vergangenheit verhält es sich ähnlich, nur eben ein bisschen verzwickter, da wir bei unserer Bekehrung mehr als nur einen Teil von uns selbst verloren haben. Wir sind im wahrsten Sinne des Wortes gestorben und von den Toten auferweckt worden:

So sind wir nun mit ihm begraben worden durch die Taufe in den Tod, damit, wie Christus aus den Toten auferweckt worden ist durch die Herrlichkeit des Vaters, so auch wir in Neuheit des Lebens wandeln. Denn wenn wir verwachsen sind mit der Gleichheit seines Todes, so werden wir es auch mit der (seiner) Auferstehung sein, da wir dies erkennen, daß unser alter Mensch mitgekreuzigt worden ist, damit der Leib der Sünde abgetan sei, daß wir der Sünde nicht mehr dienen. Denn wer gestorben ist, ist freigesprochen von der Sünde (Römer 6,4-7).

Wie kann man sein Gehirn so umprogrammieren, dass es im Einklang mit der neuen Realität denkt und erinnert? Es gibt eine ganze Reihe von Wahrheiten, mit denen wir uns regelmäßig auseinandersetzen müssen, damit sich die Realität unserer Bekehrung in unserem Denken und Verhalten vollständig festsetzt. Laden Sie den Heiligen Geist ein, diese vertrauten Überzeugungen wieder lebendig zu machen, indem Er noch unbekannte Schichten jener großartigen, mysteriösen Errettung, die wir empfangen haben, freilegt und die daraus gewonnenen Erkenntnisse über das bloße Kopfwissen hinweg auf eine höhere Stufe der Freiheit und Kraft hebt.

Schauen wir uns zunächst einmal an, was Petrus nach der Heilung des Lahmen an der *schönen Pforte* dem Volk zurief: „*So tut nun Buße und bekehrt euch, daß eure Sünden ausgetilgt werden*" (Apostelgeschichte 3,19). Unser Sündenregister ist gelöscht – vollständig ausradiert –, sofern wir Buße getan und uns bekehrt haben.

Die Bibel formuliert es noch anders und sagt, dass wir bei unserer Bekehrung durch das Blut Jesu einen Bund mit Gott geschlossen haben und Jeremias Prophetie eine der fundamentalen Realitäten dieses Bundes ist: „*Ihrer Sünden und ihrer Gesetzlosigkeiten **werde ich nicht mehr gedenken***" (Hebräer 10,17; Hervorhebung d.d Autor).

Was tun wir nun mit unseren Erinnerungen, nachdem Gott unsere Sünden getilgt und vergessen hat, und wie betrachten wir die eigene Vergangenheit im Blut Jesu? Wir müssen uns entscheiden, auf welche Stimme wir uns einlassen wollen.

Der Teufel hat über Ihre Vergangenheit akribisch Buch geführt. Doch ohne Ihre Zustimmung bleiben diese Aufzeichnungen wirkungslos. Der Teufel ist der „Verkläger der Brüder" und Jesus ist unser Anwalt. Sobald wir unsere Vergangenheit nicht im Blut Jesu betrachten, stimmen wir dem Teufel zu. Auf diese Weise stärken und ermutigen wir ihn und er stellt uns nach, um uns zu verschlingen. Wenn wir aber auf Gott hören, befreien wir uns aus der Macht der Lüge und treten ein in die Kraft der Wahrheit. Der Teufel vergisst Ihre Sünden nie, wohingegen Gott sie bereits vergessen hat. Für welche geistliche Realität – die eine himmlisch, die andere höllisch – werden Sie sich entscheiden? Ihr Leben wird davon geprägt sein.

Laut Paulus müssen wir uns „*der Sünde für tot (halten), Gott aber lebend in Christus Jesus*" (Römer 6,11). Der Beweis dieser neuen Realität liegt nicht in unserem persönlichen Verhalten, sondern darin, was Jesus am Kreuz für uns getan hat. Die Aufforderung, sich der Sünde für tot zu halten, soll nicht nur dazu führen, dass man die eigene Bekehrung positiv sieht, sondern auch, dass man den Schritt in die echte Freiheit wagt. Faktisch gesehen verändert Vergebung die Vergangenheit. Tatsächlich schreibt das Blut Jesu Ihre Geschichte neu. Das ist die Liebe Gottes: Was einstmals verachtenswert war, gewinnt an Schönheit und zeugt von der Gnade Gottes.

Ist das Vergessen der Sünden etwa eine unerfüllbare Forderung? Ohne die Kraft Gottes zweifellos. Doch wenn wir uns entschließen, die Sünde von Gottes Perspektive aus zu betrachten, können wir in Seiner Gnade die Dinge vergessen, die so schlimm und unverzeihlich erscheinen. Außerdem schenkt Er uns die Gnade, die Wahrheit über uns selbst

zu erkennen, nun da wir Ihm gehören. Hier einige Bibel-
stellen dazu (Hervorhebungen d.d. Autor):

> „...*eines aber (tue ich): Ich* **vergesse, was dahinten,** *stre-
> cke mich aber aus nach dem, was vorn ist, und jage auf
> das Ziel zu hin zu dem Kampfpreis der Berufung Gottes
> nach oben in Christus Jesus (Philipper 3,13-14).*

> „*Preise den Herrn, meine Seele, und* **vergiß nicht alle
> seine Wohltaten!** *Der da vergibt alle deine Sünde, ...Er
> hat uns nicht getan nach unseren Vergehen, nach unse-
> ren Sünden nicht vergolten. Denn so hoch die Him-
> mel über der Erde sind, so übermächtig ist seine Gnade
> über denen, die ihn fürchten. So fern der Osten ist
> vom Westen, hat er von uns entfernt unsere Vergehen
> (Psalm 103, 2-3; 10-12).*

Wie Paulus sollen wir unsere Vergangenheit vergessen und die Wohltaten des Herrn im Gedächtnis bewahren,
besonders die Tatsache, dass Er uns alle Sünden vergeben
hat. Um die Sünden erfolgreich vergessen zu können, müssen wir unseren Geist mit der Realität der Vergebung füllen.

Tun Sie das regelmäßig. Machen Sie es zum Bestandteil
Ihrer Litanei der Anbetung, mit der Sie den Einen rühmen,
der Sie errettet hat. Denken Sie immer daran, dass Ihr Fokus
Ihre Realität bestimmt.

Bewahren Sie also Ihre Erinnerung, wenn Sie vergessen wollen.

Zum Nachdenken

1. Nehmen Sie sich einen Moment Zeit und zählen Sie
   auf, was Gott bereits in Ihnen und für Sie getan hat. Da
   diese Wohltaten immer in Zeugnisse eingebettet sind,
   in Geschichten also, die Sie erlebt haben, werden Sie
   sich an Ereignisse in ihrem Leben erinnern, in denen Er
   Seine Güte demonstriert hat.

   ....

   ....

   ....

2. Woran merken Sie, dass Sie Ihre Sünden vergessen –
   bzw. Ihre neue Realität? Wie fühlen Sie sich jeweils?
   Wie lange brauchen Sie, bis Sie es „checken"? Erinnern
   Sie sich in Zeiten, in denen Sie in Christus wachsen,
   öfter und schneller an Seine Wohltaten?

   ....

   ....

   ....

Meditation

Die Diskussion um Bekehrung und Errettung mag ja als äußerst wichtig gelten. Dennoch, sollten Sie nicht längst bis zu den Dingen vorgedrungen sein, die tiefer gehen und gewaltiger sind?

Vielleicht nicht. Jeder besitzt sein eigenes Fundament in Christus. Achten Sie darauf, dass Ihr Denken und Handeln fest darin verankert ist. Es bestimmt, wer Sie sind, was Sie tun, auf wen Sie hören, wohin Sie gehen und vieles mehr.

Versenken Sie sich in Ihr Fundament. Gehen Sie nicht einfach darüber hinweg.

Kapitel 7

FREUDE

BENI JOHNSON

Als Volk Gottes sollen wir den Himmel auf die Erde bringen, und der Himmel besteht zu einem großen Teil aus Freude. Der Himmel ist voll davon. Wir sind dafür verantwortlich, dass diese Freude auf die Erde kommt. Im Himmel gibt es keine Depressionen, daher haben wir kein Recht, deprimiert zu sein. Wenn Sie deprimiert sind, müssen Sie ihr Leben überprüfen. Finden Sie die Ursache heraus und befreien Sie sich dem Himmel und der Erde zuliebe davon. Die Welt braucht fröhliche, aufgeschlossene Menschen, die an Gott glauben und in Freude lieben und dienen.

Vielleicht denken Sie jetzt: „Aber was ist mit all den schrecklichen Dingen, die in der Welt passieren? Sollte mich das nicht berühren?" Ja, das sollte es. Ich saß einmal mit einer Frau aus unserer Gemeinde zusammen und ließ mir alles erzählen, was sie über den Okkultismus in unserer Stadt wusste. Anschließend eilte ich sofort zu unserem Gebetshaus. Ich fühlte mich schwer und wollte wissen, was Gott dazu sagt. Während ich im Gebetsgarten umher lief und betete, hatte ich eine Vision. Ich ging mit Jesus in einer vertrauten Umgebung spazieren. Wir hielten uns an den Händen und unsere Schultern berührten sich. Wir waren wie zwei beste Freundinnen, die ihre geheimsten Gedanken austauschen. Ich erzählte Ihm, was ich gehört hatte, und bemerkte gleichzeitig, dass Er in Seiner freien Hand etwas verborgen hielt. Als ich Ihn darauf ansprach, öffnete Er sie und ich sah die ganze Welt darin liegen. Sie war so winzig. Im selben Moment fiel jegliche Schwere von mir ab. Ich erkannte, dass Er nie die Kontrolle verliert und alles in Seiner Hand hält. Das besagt natürlich nicht, dass ich nicht weiterhin für meine Stadt bete. Es besagt aber, dass ich das Schwere nicht tragen kann. Jesus hat es schon getan; Er nahm es mit ans Kreuz.

Das bedeutet, wir kämpfen nunmehr *im* Sieg und nicht mehr *um* den Sieg. Können Sie sich die Reaktion der dämonischen Welt vorstellen, als Jesus rief: „Es ist vollbracht"? Ich höre sie regelrecht frohlocken und sagen: „*Yeah*, es ist vollbracht und wir haben gewonnen", um nach drei Tagen schockiert festzustellen, dass Jesus den Tod überwunden hat. Ja, für die Höllenwesen war es vorbei. Sie mussten zurück ans Reißbrett und einen völlig neuen Plan entwerfen. Aber im Himmel wusste man, was Jesus meinte. Alles war erledigt – alles, was Er hier auf Erden hatte erreichen wollen.

Er hatte die Gefangenen befreit, Kranke geheilt, Tote auferweckt und Dämonen ausgetrieben (siehe Lukas 4,18). Er war am Kreuz gestorben und hernach vom Tod auferstanden. Wir müssen völlige Zuversicht darüber bekommen, was Jesus getan hat, damit wir Seinen Sieg auf der Erde freisetzen können.

Ich will nicht behaupten, dass die Zeiten vorbei sind, in denen wir im Gebet Lasten tragen. Im Gegenteil, wahrscheinlich wird deren Gewicht sogar noch zunehmen, aber ich glaube nicht, dass es uns gestattet ist, sie außerhalb der Fürbitte mit uns herumzuschleppen. Er bietet uns ein Tauschprogramm an. Wir geben Ihm unsere Bürde und Er schenkt uns Ruhe – und Freude.

Die Welt ist voller Leiden, und auch Jesus litt in ihr. Trotzdem schaffte Er es, selbst im Leiden in der Freude zu leben. Er wusste, woher Seine Kraft kam. Er hatte die große Freude des Himmels erlebt, wo es keine Tränen und keine Trauer mehr gibt. Die Bibel sagt, dass wir eines Tages in die Freude des Herrn eingehen werden (siehe Matthäus 25,21). Solange wir uns mit der Freude darüber füttern, was Gott gerade in der Welt tut, werden wir leben, wie Jesus es tat. Doch solange wir uns ständig mit den schlechten Nachrichten füttern, werden wir in Angst und Verzweiflung leben. Das Wort „Freude" kommt in der Bibel 182 mal vor. Dies sollte uns verdeutlichen, wie wichtig die Freude ist und dass wir für die Freude geschaffen sind. Wir repräsentieren (bzw. re-präsentieren) unseren himmlischen Vater in der Welt, in der wir leben. Er ist voller Freude. Er lacht und Er möchte, dass wir uns mit Ihm freuen:

Dies habe ich zu euch geredet, damit meine Freude in euch sei und eure Freude völlig werde (Johannes 15,11).

Denn in Freuden werdet ihr ausziehen und in Frieden geleitet werden. Die Berge und die Hügel werden vor euch in Jubel ausbrechen, und alle Bäume des Feldes werden in die Hände klatschen (Jesaja 55,12).

Der Herr dein Gott ist in deiner Mitte, ein Held, der rettet; er freut sich über dich in Fröhlichkeit, er schweigt in seiner Liebe, er jauchzt über dich mit Jubel (Zephanja 3,17).

…die Freude am Herrn ist eure Stärke (Nehemia 8,10).

…eure Traurigkeit wird zur Freude werden (Joh. 16, 20).

...indem wir hinschauen auf Jesus, den Anfänger und Vollender des Glaubens, der um der vor ihm liegenden Freude willen die Schande nicht achtete und das Kreuz erduldete...(Hebräer 12,2).

Bis jetzt habt ihr nichts gebeten in meinem Namen. Bittet, und ihr werdet empfangen, damit eure Freude völlig sei (Johannes 16,24).

Dient dem HERRN mit Freuden! Kommt vor sein Angesicht mit Jubel! (Psalm 100,2).

Aber freuen werden sich die Gerechten, sie werden frohlocken vor dem Angesicht Gottes und jubeln in Freude (Psalm 68,4).

...deine Worte waren mir zur Wonne und zur Freude meines Herzens; denn dein Name ist über mir ausgerufen, HERR, Gott der Heerscharen (Jeremia 15,16).

Die Jünger aber wurden mit Freude und Heiligem Geist erfüllt (Apostelgeschichte 13, 52).

Denn das Reich Gottes ist nicht Essen und Trinken, sondern Gerechtigkeit und Friede und Freude im Heiligen Geist (Römer 14,17).

Solche Verse über die Freude findet man überall in der Bibel. Lesen Sie sie in verschiedenen Übersetzungen – zu Ihrer Freude.

Zum Nachdenken

1. Sind Sie von Natur aus ein fröhlicher Mensch? Wie können Sie von der natürlichen Freude zur Freude des Herrn „graduieren"? Sind Sie melancholisch oder schüchtern veranlagt? Wie sieht die Freude des Herrn aus, wenn Sie sie ausdrücken?

....

....

....

2. Muss Freude immer überschwänglich sein? Wie lässt sich Freude mit Ruhe vereinbaren?

....

....

....

3. Welcher Bibelvers über die Freude spricht Sie in Ihrer gegenwärtigen Situation ganz speziell an? Lesen Sie ihn in verschiedenen Übersetzungen und lernen Sie die Version auswendig, die Ihrem Geist am meisten dient.

....

....

....

Meditation

Als Sie vorhin von der Freude lasen, machte Ihr Herz da einen Luftsprung, jubelte es? Oder hätten Sie lieber weitergeblättert? Wo hat der Text Sie getroffen? Oder anders gesagt, welche wunde Stelle trifft das Wort Gottes bei Ihnen in diesem Moment?

Schütten Sie Ihm Ihr Herz aus (siehe Psalm 62,9). Sagen Sie Ihm, was Sie auf dem Herzen haben, sei es nun eine schwere Last oder Ihre Freude über die Erfahrungen, die Sie gerade mit dem Reich Gottes machen. Bitten Sie Ihn, in die Freude Ihres Meisters einzugehen zu können. Er wird Sie erhören.

Kapitel 8

Transformation durch Beförderung

Bill Johnson

Als sich Sein irdisches Leben dem Ende zuneigte, verlieh Jesus Seinen Jüngern die höchste Auszeichnung, indem Er ihnen mitteilte, dass sie nun nicht mehr Knechte seien, sondern Seine Freunde. Mit Ihm in einem Raum zu sein, war bisher das Größte gewesen, was sie sich hatten vorstellen können, aber nun hatte Jesus Ihnen einen Platz in Seinem Leben eingeräumt. Sie waren für die größte Beförderung auserkoren worden, die je ein Mensch erfahren durfte:

> *Ich nenne euch nicht mehr Sklaven, denn der Sklave weiß nicht, was sein Herr tut; euch aber habe ich Freunde genannt, weil ich alles, was ich von meinem Vater gehört, euch kundgetan habe (Johannes 15,15).*

Bis dahin hatten sich die Jünger vor allem auf die jeweilige Aufgabe konzentriert, die vor ihnen lag. Doch mit dieser Beförderung wurde ihre Aufmerksamkeit völlig auf den Einen gelenkt, der vor ihnen stand. Von jetzt an hatten sie Zugang zu den Geheimnissen im Herzen Gottes.

Geistlicher Espresso

Sklaven wissen nicht, was ihr Herr tut, weil sie keinen Zugang zu seiner Privatsphäre haben. Sie sind aufgabenorientiert. Ihre vorrangige Aufmerksamkeit gilt dem Gehorsam – und das mit Recht, da ihr Leben davon abhängt. Freunde haben einen völlig anderen Fokus. Es hört sich fast blasphemisch an, aber Gehorsam spielt in einer Freundschaft keine besondere Rolle. Gehorsam bleibt zwar immer wichtig, wie der vorangehende Vers zeigt: „*Ihr seid meine Freunde, wenn ihr tut, was ich euch gebiete*" (Johannes 15,14). Aber Freunde scheren sich weniger um Gehorsam als darum, den anderen nicht zu enttäuschen. Daher konzentrierten sich die Jünger nun nicht mehr auf das Halten von Geboten, sondern auf ihre Beziehung zu dem Einen, der sie aufgestellt hatte. Anstatt zu fragen: „Was soll ich für Ihn tun?" überlegten sie nun: „Was sagt Er zu meinen Entscheidungen?"In dem Moment, da wir diese Beförderung annehmen, verschieben sich manche Paradigmen. Als erstes verändert sich unser *Wissen*. Indem wir Zugang zum Herzen des Vaters erhalten, lernen wir es kennen, und dieses Wissen schenkt uns Freiheit.

Zweitens verändern sich die *Erfahrungen*, die wir machen. Gottes Herzschlag wird unser Herzschlag. Wir stellen erfreut eine Veränderung in unseren Wünschen fest. Die Begegnungen mit Ihm zählen plötzlich zu unseren liebsten Erinnerungen und wir erleben zwangsläufig eine persönliche Transformation.

Drittens ändert sich unsere *Funktion* im Leben radikal. Wir arbeiten nicht mehr, *um* Ihm zu gefallen, sondern *weil* wir Ihm gefallen, und anstatt *für* Ihn zu arbeiten, arbeiten wir *mit* Ihm. Er schenkt uns mehr von Seiner Macht, und so werden wir Ihm auf ganz natürliche Weise immer ähnlicher.

Viertens ändert sich unsere *Identität* radikal. Christen, die ihre wahre Persönlichkeit kennen und ausleben, lassen sich von den Meinungen anderer nicht lähmen. Sie haben aufgehört, den Erwartungen anderer Menschen genügen zu wollen, und brennen darauf, so zu sein, wie der Vater sie sieht.

Ein klassisches Beispiel für den Unterschied zwischen Knecht und Freund ist die Geschichte von Maria und Martha. Während Maria zu den Füßen Jesu saß, arbeitete Martha in der Küche (siehe Lukas 10,38-42). Es war, als ob sich Martha mit Sandwiches beschäftigte, die Jesus nie bestellt hatte, während Maria die Gunst Jesu genoss und die Zeit einfach nutzte, um mit Ihm zusammen zu sein. Maria war nicht arbeitsscheu. Aber sie hatte gelernt, aus Seiner Gegenwart heraus zu dienen – und nur die Sandwiches zu machen, die Jesus bestellt hatte.

Wir halten Gottes Wille immer für etwas Starres und Unveränderliches und kommen nicht auf den Gedanken, dass wir eine wesentliche Rolle spielen. Gott befahl Mose, aus dem Weg zu gehen, weil Er das widerspenstige Volk vernichten wollte, welches Mose aus Ägypten geführt hatte. Aber Mose erinnerte Gott daran, dass dies Sein Volk war, dass Er es herausgeführt hatte, und nicht umgekehrt! Gott lenkte schließlich ein und verschonte Israel.

Das Erstaunliche daran ist jedoch weniger der Umstand, dass Gott Seine Meinung änderte, als vielmehr, dass Er mit Mose darüber verhandeln wollte und Mose dies wusste. Auch Abraham hatte dies verstanden. Gottes Bundesfreunde von damals schienen ein allgemeines Bewusstsein dafür gehabt zu haben, dass Gott sie in Seine Willensbildung mit einbinden wollte und sogar erwartete, dass sie den Ausgang einer Sache beeinflussten. Sie verstanden, welche Verantwortung auf ihren Schultern ruhte, nämlich vor Gott zu treten und aktiv zu werden, um das zu bekommen, was die Menschen brauchten. Gottes Wille richtet sich nicht immer auf irgendein Geschehen. Er konzentriert sich viel lieber auf Seine Freunde, die in Seine Gegenwart kommen und ihre Rolle als Gesandte wahrnehmen.

Als Kind haben Sie vielleicht auch davon geträumt, einen Wunsch frei zu haben. Salomo erhielt eine solche Chance, und die Erfüllung seines Wunsches bildet noch heute die Grundlage für unsere hohen Erwartungen beim Beten. Die Jünger bekamen dieselbe „Chance", nur besser. Anstatt eines einzigen Blankoschecks erhielten sie aufgrund ihrer Freundschaft mit Gott unendlich viele Blankoschecks.

Als Jesus Seine Jünger zu Freunden beförderte, schenkte Er ihnen zugleich eine phantastische Liste von Verheißungen. Jede Verheißung war ein Blankoscheck, den sie ihr ganzes Lebens lang für die Expansion des Reich Gottes einlösen konnten. Hier sind sie, mit besonderen Hervorhebungen versehen:

*Wenn ihr in mir bleibt und meine Worte in euch bleiben, so werdet ihr bitten, **was ihr wollt**, und es wird euch geschehen (Johannes 15,7).*

*Ihr habt nicht mich erwählt, sondern ich habe euch erwählt und euch gesetzt, daß ihr hingeht und Frucht bringt und eure Frucht bleibe, damit, **was ihr den Vater bitten werdet** in meinem Namen, er euch gebe (Johannes 15,16).*

Wenn ihr etwas bitten werdet in meinem Namen, so werde ich es tun (Johannes 14,14).

*Wahrlich, wahrlich, ich sage euch: **was ihr den Vater bitten werdet** in meinem Namen, wird er euch geben.*

Bis jetzt habt ihr nichts gebeten in meinem Namen. **Bittet, und ihr werdet empfangen,** *damit eure Freude völlig sei (Johannes 16,23-24).*

Gott wollte die Gläubigen nie als Marionetten haben. Er ist vielmehr äußerst empfänglich für die tiefen Sehnsüchte Seines Volkes. Tatsächlich kann man sagen: „Was uns wichtig ist, ist auch Ihm wichtig." Nicht weil Er uns braucht, sondern weil Er uns liebt.

Zum Nachdenken

1. Mit welcher der beiden Schwestern identifizieren Sie sich am meisten, mit Maria oder Martha? Auf welche Weise hat dieses Kapitel Ihre Einstellung zu Sinn und Nutzen von Dienerschaft bzw. Freundschaft verändert?

....

....

....

2. Welche Veränderungen konnten Sie an sich feststellen, nachdem Sie Ihre eigene Beförderung zum Freund Gottes angenommen haben?

-bezüglich Ihres Wissens

-bezüglich Ihrer Erfahrungen

-bezüglich Ihrer Funktion im Leben

-bezüglich Ihrer Identität

3. Welche Bitte hatten Sie zuletzt an den Herrn? Glauben Sie, dass Er sie erhören wird? Warum bzw. warum nicht?

....

....

....

Meditation

Lehnen Sie sich an das Herz Gottes. Ja, Sie hören Seinen Herzschlag – auch wenn das bisher nicht der Fall war. Lesen Sie noch einmal die Bibelstelle, in der Jesus die Jünger dazu einlud, Seine Freunde zu werden. Nehmen Sie Seine Worte persönlich. Die Einladung gilt auch Ihnen.

Sprechen Sie zu sich selbst: „Ich bin ein Freund/eine Freundin Gottes." Sagen Sie sodann zu Gott: „Du nennst mich Deinen Freund/Deine Freundin." Tragen Sie hier Ihren Namen ein: „_____, der Freund/die Freundin Gottes." Lassen Sie diese Worte auf sich wirken und alle Unklarheiten diesbezüglich beseitigen. Sie sind kein Sklave mehr. Sie sind Sein Freund/Seine Freundin. Das sagt Er.

Sie müssen nichts beweisen. Bleiben Sie einfach „angelehnt."

Kapitel 9

FREUNDE UND MITARBEITER

BILL JOHNSON

Diener sind keine Mitarbeiter ihrer Herren, Freunde dagegen schon. Da wir heute keine Diener mehr haben, mag dieses Thema etwas schwierig für uns sein, aber stellen wir uns doch einmal vor, wir hätten Menschen, die bei uns leben und unserem Willen gehorchen. Sie würden so manches über uns wissen, wie zum Beispiel unsere Hobbys, was wir mittags gerne essen und wann wir morgens unseren Kaffee wünschen. Aber wir würden nicht privat mit ihnen verkehren, keinen Trost bei ihnen suchen und unsere familiären und beruflichen Probleme nicht mit ihnen diskutieren.

Gott hat uns von Dienern zu Freunden erhoben, in eine Beziehung also, die über das reine Angestellten-Arbeitgeber Verhältnis hinausgeht. Er möchte, dass wir an der Entfaltung Seines schöpferischen Werkes teilnehmen. Nicht weil es Ihm sonst an Ideen mangeln würde, sondern weil Er es liebt, wenn wir mitmachen.

Als Freunde sind wir also gleichzeitig Seine Mitarbeiter (siehe 2.Korinther 6,1). Das normale Leben eines Christen besteht in seiner Partnerschaft mit Gott, die er im Alltag dadurch ausdrückt, dass er als Tor des Himmels die Manifestation der Realität Gottes für seine Mitmenschen freisetzt.

Zu viele Christen betrachten den Gedanken der Mitarbeit aus einer eindimensionalen Perspektive. Sie meinen, es handele sich um ein roboterhaftes Wechselspiel zwischen ihnen und Gott, bei dem ihr Wille auf Null sinkt und Sein Wille all ihre Sehnsüchte und Gedanken überrollt. Sie sehen sich als Fernbedienung, unter der totalen Regie eines Gottes, der im Himmel thront und bestimmt, was läuft. Aber dies ist genau das Gegenteil von dem, was in der Bibel steht. Tatsächlich üben unsere Ideen, Sehnsüchte und Träume einen monumentalen Einfluss auf den Plan Gottes für diese Welt aus. Wir sind Mitarbeiter, was bedeutet, dass unser Werk ohne Christus unvollständig bleibt, aber zugleich, und das ist das Erstaunliche daran, bleibt auch *Sein Werk auf Erden ohne uns unvollständig*. Gott sieht Sie und mich als Menschen, die Sein Tun mittragen, und nicht als Roboter, die bloß Befehle ausführen.

Viele von uns, mich eingeschlossen, haben in der Vergangenheit schon Gebete wie „Oh Gott, nimm meinen Willen!" gesprochen. Das ist eines der dümmsten Gebete, die man sich überhaupt vorstellen kann, da hier etwas herabgewürdigt wird, was zu den großartigsten Schöpfungen Gottes gehört. Unser Wille ist so wertvoll, dass Er ihn nie verletzen würde, selbst nicht für das Leben Seines eigenen Sohnes. Ohne einen unabhängigen Willen wären wir Animationsfiguren, Marionetten, programmiertes Spielzeug. Mit einem freien Willen dagegen sind wir in der Lage, Gott zu lieben und eine freiwillige Partnerschaft mit Ihm einzugehen. Auf einer solchen Grundlage können unsere Vorstellungen und Ideen buchstäblich den Lauf der Geschichte verändern.

Von der Bibel lernen wir, was Zusammenarbeit ist. Als Gott die Tiere schuf, gab Adam ihnen die Namen (siehe 1.Mose 2,19). Zu jener Zeit dienten Namen nicht einfach als hübsches Etikett, um die Lebewesen voneinander zu unterscheiden, sondern wiesen vielmehr auf das Wesen ihres Trägers hin. Gott erschuf, und Adam leistete seinen kreativen Beitrag, indem er jedem Tier eine bestimmte Natur zuordnete. Das nennt man Zusammenarbeit. Eines der herausragendsten Beispiele für Zusammenarbeit ist der Tempelbau, der zu den bedeutendsten Ereignissen in der Bibel zählt. Bei der Tempeleinweihung sagte Davids Sohn Salomo:

Gepriesen sei der HERR, der Gott Israels, der mit seinem Mund zu meinem Vater David geredet und mit seiner Hand erfüllt hat, (was er verheißen hatte), als er sprach: 'Von dem Tag an, da ich mein Volk Israel aus Ägypten herausführte, habe ich aus allen Stämmen Israels keine Stadt erwählt, um (darin) ein Haus zu bauen, damit mein Name dort sei; aber ich habe David erwählt, daß er (König) über mein Volk Israel sei.` Nun lag es meinem Vater David am Herzen, dem Namen des HERRN, des Gottes Israels, ein Haus zu bauen (1.Könige 8,15-17).

Gott erklärte: „Ich habe keine Stadt erwählt, Ich habe einen Mann erwählt, und dieser Mann trug den Tempel in seinem Herzen." Es ist, als hätte Er gesagt: „Der Tempel war nicht meine Idee. *David* war meine Idee." Unglaublich! David schrieb mit seiner Kreativität und Sehnsucht Geschichte, weil Gott sich darauf einließ. Dies ist unserem Denken absolut fremd. Wir warten immer auf Instruktionen und unterdrücken unsere eigenen Ideen mit aller Kraft. Wir glauben, dass alles, was man für Gott tut, direkt vom göttlichen Thron herabfallen und buchstabengetreu ausgeführt werden muss, als handele es sich um eine himmlische Bedienungsanleitung.

Dies rüttelt nicht an der Tatsache, dass Gott ganz bestimmte Pläne und Vorstellungen hat, die unveränderlich sind. Es dient uns nur zum Besten, sie so zu lassen, wie sie sind. Und wie sehen sie aus? Das erfahren wir nur aus der Beziehung zu Ihm. So ließ Gott zum Beispiel gegenüber David verlauten, dass Er ihn zum König küren und seinen Namen groß machen werde. Aber Er sprach nicht davon, dass David Ihm ein Haus bauen sollte, was dieser am Ende ja auch nicht tat – sondern sein Sohn (siehe 2.Samuel 7). Gott nennt uns die Prinzipien Seines Königreichs, die unsere Parameter festlegen, und sagt dann: „Komm! Lass uns gemeinsam träumen und Menschheitsgeschichte schreiben!"

„*Und habe deine Lust am HERRN, so wird er dir geben, was dein Herz begehrt.*" (Psalm 37,4). Wie viele andere Pastoren auch habe ich die törichte Lehre verbreitet, dass die Lust am Herrn unsere Wünsche verändert, weil sie dann von Ihm bestimmt werden. Ich hatte das biblische Konzept nicht verstanden, das sich hinter diesem Vers verbirgt, nämlich dass Gott sich von unserem Denken und unseren Träumen beeinflussen lassen will. Er ist hinter Ihren Wünschen und hinter einer innigen Beziehung zu Ihnen her. Er öffnet sich für die Wünsche Seines Volkes.

Es gefällt Ihm, wenn Er mit Ihnen auf und ab spazieren und Seine Ideen ausbreiten kann, um anschließend abzuwarten, wie Sie darauf reagieren. Jesus sagte sogar: „*Wem ihr die Sünde erlaßt, dem ist sie erlassen.*"

„*Und Jesus sagte noch einmal: 'Friede sei mit euch! Wie mich der Vater in diese Welt gesandt hat, so sende ich euch in die Welt.` Dann hauchte er sie an und sprach: 'Empfangt den Heiligen Geist! Wem ihr die Sünde erlaßt, dem ist sie erlassen. Und wem ihr die Schuld nicht vergebt, der bleibt schuldig.`*" (Johannes 20, 21-23)

Die Zusammenarbeit ist für den geistlichen Dienst ein gewaltiger Aspekt, den viele von uns deshalb nicht verstehen, weil ihnen die echte Freundschaft mit Gott so fremd ist.

Zum Nachdenken

1. Fühlen Sie sich gegenüber Ihrem himmlischen Vater eher als Diener oder als Mitarbeiter (Freund)? Warum?

....

....

....

2. Können Sie einen Zeitpunkt in Ihrem Leben bestimmen, an dem Sie Gottes Partner wurden, weil Ihre Wünsche den Ausgang einer Situation beeinflussten?

....

....

....

3. Was beschäftigt Sie in diesem Moment? Vielleicht haben Sie ja bereits darüber gebetet. Wie könnten Sie in dieser Angelegenheit zu einer Zusammenarbeit mit Gott gelangen?

....

....

....

Meditation

Was wünschen Sie sich für Ihre Ecke der Welt? Die Zeile „wie im Himmel so auch auf Erden" ist Ihr Mandat. Wo würden Sie das Reich Gottes gerne haben?

Verwandeln Sie Ihre Wünsche in Gebete. Ergründen Sie mit Ihrem Geist (von Geist zu Geist) die entsprechenden Wünsche Ihres Erlösers, Freundes und Vaters. Diskutieren Sie Ihre Gedanken über das, was Ihr Herz begehrt. Verlieren Sie sich in Ihrer Freundschaft zu Ihm. Richten Sie Ihren Blick auf das, was Ihn bewegt, und lassen Sie sich davon bestimmen.

Sie sollen wissen, dass Er eine Ihrer Ideen nur dann streicht, wenn Er eine bessere hat. Es ist Ihm viel lieber, wenn Er Ihnen beim Träumen zuhören kann, als wenn Sie vor Ihm kauern und um die nächste Aufgabe bitten.

Kapitel 10

TU'S EINFACH!

KEVIN DEDMON

Im Laufe der Jahre habe ich viele Christen kennengelernt, die von ihren Pastoren die „feste Speise des Wortes" forderten. Damit meinten sie ein lehrreiches Bibelstudium, das ihnen mehr Wissen vermitteln sollte. Natürlich müssen wir die biblischen Wahrheiten kennen, was eine gewisse Grundlage an Informationen voraussetzt. Aber Information (Wissen) ist nicht die „feste Speise des Wortes."

Jesus stellte unmissverständlich klar: *„Meine Speise ist, daß ich den Willen dessen tue, der mich gesandt hat, und sein Werk vollbringe"* (Johannes 4,34). Im darauffolgenden Vers ermahnt Er die Jünger, die Augen aufzumachen und die erntereifen Felder zu betrachten (siehe Johannes 4,35). Meines Erachtens erfüllt man den Willen Gottes und isst die feste Speise des Wortes keineswegs, indem man einem Bibellehrer lauscht, sondern indem man hinausgeht und tut, was das Wort sagt, vor allem wenn es von der Arbeit im Erntefeld spricht.

Jakobus fasst dies in seinem Brief gut zusammen, wenn er verlangt: *„Seid aber Täter des Wortes und nicht allein Hörer, die sich selbst betrügen"* (Jakobus 1,22). Dieser Satz sollte bereits genügen, um aufzuspringen und zu rufen: „Packen wir's an!"

Am schwierigsten ist das Losziehen. Wir haben Angst. Nicht alle sind von Natur aus so risikofreudig. Die meisten von uns würden lieber etwas anderes tun und fangen zu feilschen an: „Ich könnte ja auch hierbleiben und ein Gebetstreffen organisieren. Schließlich ist das Gebet kraftvoll und effektiv – und viel sicherer." Ich meine, dass wir uns vorzeitig dafür entscheiden müssen, etwas zu riskieren. Wir müssen uns dafür entscheiden, einfach vorwärts zu gehen und das zu tun, was Gott uns gemäß unserer Überzeugung in den Weg legt.

Ich führte einmal eine Evangelisation in der näheren Umgebung unserer Gemeinde durch. Wir teilten uns in zwei Gruppen auf und begaben uns an verschiedene Plätze, von denen wir den Eindruck hatten, dass dort „göttliche Verabredungen" auf uns warteten. Am Ende der vereinbarten Zeit wollten wir uns wieder sammeln und gemeinsam zur Gemeinde zurückkehren. Nachdem ich mit meiner Gruppe zehn Minuten am Sammelpunkt gewartet hatte, mutmaßten wir, dass sich die anderen wahrscheinlich in einer „göttlichen Verabredung" befanden, die sich etwas hinzog. Also schickte ich meine beiden Mitstreiter auf die Suche nach ihnen, während ich weiterhin warten wollte, falls sie in der Zwischenzeit aufkreuzten.

Während ich am Bordstein stand, erschien ein junger Mann auf dem Gehsteig. Als er näher kam, fuhr mir plötzlich der Name: „Roger" durch den Kopf. *Ist das ein Wort der Erkenntnis?* fragte ich mich. Und wieder hörte ich: „Roger." Ich beschloss, das Risiko einzugehen und zu prüfen, ob es sich tatsächlich um ein Wort der Erkenntnis handelte. Als er an mir vorüberging, fragte ich so selbstbewusst wie möglich: „Entschuldigen Sie bitte, aber ist Ihr Name Roger?" Ich war vollkommen überzeugt, dass er so hieß, und freute mich schon auf die unbeschreibliche göttliche Verabredung, die sich hier anbahnte.

Als ob ich ihn hatte „anmachen" wollen, sprang er mit einem Ausdruck der Verachtung vom Gehsteig, fauchte: „Neeeiiiin!" und setzte seinen Weg auf der Straße fort. Voller Scham darüber, dass ich ihm vorgekommen sein musste, als hätte ich Sexualkontakt gesucht, überlegte ich, ob ich ihm nachlaufen und alles erklären sollte. Aber im selben Moment wusste ich, dass ich es damit nur noch schlimmer machen würde. Ich dachte mir: *Zum Glück habe ich nicht gesagt, dass Gott mir den Namen eingegeben hat. Zum Glück habe ich das Christentum nicht in ein schlechtes Licht gerückt. So hat er nur gedacht, ich sei ein Spinner.*

Mein nächster Gedanke war: *Vielen Dank Gott, ich habe mich gerade zum Narren gemacht, weil ich ein Wort der Erkenntnis riskiert habe, von dem ich dachte, es sei von Dir.* Die Antwort, die ich daraufhin erhielt, versetzte mir einen Schock: „Kevin, der Name ´Roger` war ein Wort der Erkenntnis."

„Was? Du hast mir absichtlich einen falschen Namen genannt?", gab ich aufgebracht zurück.

„Ja, weil Ich sehen wollte, ob du bei auch einer Falschinformation noch risikobereit bist." Er erklärte mir, dass Ihm mein Mut zum Handeln wichtiger sei als der erfolgreiche Ausgang einer Sache.

Ich weiß, dass diese Geschichte nicht in das gängige Schema passt, und ich möchte auch nicht behaupten, dass Gott generell falsche Worte der Erkenntnis gibt, um unsere Entschlossenheit zu testen. Diese wertvolle Lektion hatte mir indes bewusst gemacht, dass ich manches, was ich von Ihm höre, falsch interpretiere und dass Er mich vielleicht sogar hin und wieder „aufs Glatteis" führt. Doch sowohl im einen als auch im anderen Fall ist es Sein Wunsch, dass ich kühn im Glauben bin. Es ist immer besser, Fehler zu machen, als vor lauter Schüchternheit untätig zu bleiben. Wir müssen nicht ständig hundertprozentig richtig liegen, um unangenehme Folgen zu vermeiden. Manche Menschen denken an die Warnungen des Alten Testaments und fürchten sich davor, als „falsche Propheten" zu gelten. Jesus entlarvte die falschen Propheten anhand der Frucht ihres Charakters und nicht anhand der Genauigkeit ihrer Prophetien (siehe Matthäus 7,15-20). Überdies kann ein falscher Prophet ein richtiges Wort haben, was impliziert, dass umgekehrt ein wahrer Prophet ein falsches Wort haben kann. Daher bedeutet ein falsches Wort nicht automatisch, dass man ein falscher Prophet ist. Paulus schrieb an die Korinther: „*Propheten aber laßt zwei oder drei reden und die anderen laßt urteilen*" (1.Korinther 14, 29). Wenn es eine Forderung nach fehlerfreien Prophezeiungen gäbe, dann wäre eine „Beurteilung" unnötig.

Noch einmal, Gott ist nicht so sehr daran interessiert, dass wir uns in sicheren Gewässern bewegen, sondern eher, wie viel Risiko wir mit reinem Herzen auf uns nehmen, um die Menschen um uns herum zu segnen.

Viele verstehen die Warnungen in Bezug auf die alttestamentlichen Propheten falsch und schrecken daher vor jeglichem Risiko zurück, weil sie Angst haben, „gesteinigt" zu werden, wenn sie einen Fehler begehen. Dies gilt für prophetische Worte, Zeugnisse und vieles mehr. Die Furcht, auf irgendeine Weise bei den Begegnungen, die Gott für uns arrangiert, zu versagen ist so groß, dass wir unsere Verantwortung ignorieren und lieber nichts wagen. Aber wer nichts wagt, hat auch keinen Lohn: „*Ohne Glauben aber ist es unmöglich, (ihm) wohlzugefallen;*" (Hebräer 11,6).

3um Nachdenken

1. Sind Sie von Natur aus risikofreudig? Je nachdem, ob Sie es sind oder nicht – oder auch nur gelegentlich – wie reagieren Sie auf Kevins Ermutigung, es „einfach zu tun"?

....

....

....

2. Was war „das Unerhörteste", was Gott je von Ihnen wollte? Wie sind Sie damit umgegangen?

....

....

....

Meditation

Sie kennen und glauben die Wahrheit des Psalmverses: *„Dein Wort ist meines Fußes Leuchte und ein Licht auf meinem Wege"* (Psalm 119,105). Es ist eine Tatsache, dass Gottes Wort Licht in eine Situation bringt, entweder beim Lesen der Bibel oder indem uns Sein Geist einzelne Worte bzw. Sätze daraus erschließt. Ihre Aufgabe besteht nicht darin, sich um irgendwelche Details zu sorgen. Bewegen Sie einfach Ihre Beine, eines nach dem anderen, Schritt für Schritt.

Neigen Sie zum Zögern, wenn Sie kurz davor stehen, Sein Wort zu tun?

Sprechen Sie mit Ihm darüber - zu Ihrem und zu Seinem Nutzen. Er wartet nur darauf und hat Seine Hand schon am Lichtschalter.

Kapitel 11

LICHTTHERAPIE

KEVIN DEDMON

Bei meinem letzten Skiausflug in einem nahe gelegenen Skigebiet kam ich im Sessellift zufällig neben einem 30 jährigen Mann zu sitzen. Während unserer Fahrt zum Berggipfel bemerkte ich, dass er sichtlich unter Schmerzen litt. Er erzählte mir, dass er einige Tage zuvor zweimal von einer braunen *Loxosceles reclusa,* einer Webspinne, gebissen worden war, und zwar in seine linke Brust und Schulter. Die Bisse hatten zu einer leichten Lähmung der linken Körpermuskulatur geführt und verursachten gleichzeitig starke Schmerzen. Er hatte bereits eine Abfahrt gewagt und dabei festgestellt, dass er wegen der Wirkung des Spinnengiftes kaum in der Lage war, Ski zu fahren. Er wollte noch einmal hinauf, um zu testen, ob die Steifheit mit der Zeit nachlassen würde, aber die Schmerzen hatten durch die körperliche Anstrengung derart zugenommen, dass er nun befürchtete, den Hang nicht mehr zu schaffen. Ich fragte ihn, wie er sich behandeln ließ. Er erzählte, dass er auf Drängen seiner Frau zu einer „Lichttherapeutin" ging, die die entzündeten Stellen mit bestimmten Arten von UV-Licht bestrahlte. Ich fragte ihn: „Hilft es Ihnen?", worauf er antwortete: „Nicht besonders!" Diese „Lichttherapeutin" sei zwar seine einzige Hoffnung, dennoch habe sich die ausgeprägte Symptomatik auch nach mehreren Behandlungen nicht nennenswert gebessert. Ich erwähnte beiläufig, dass ich Zugang zu einem stärkeren Licht hätte, welches sein Problem lösen könnte. Er wurde aufmerksam und fragte, von welchem Licht ich spräche. Ich erwiderte: „Es ist das Licht der Welt, Jesus, und Er kann Sie hier und jetzt heilen." Er erklärte, dass er nicht an Jesus glaube, war aber bereit, noch im Sessellift für sich beten zu lassen.

Also sprach ich ein einfaches, kurzes Gebet und setzte, ohne ihn zu berühren, das Licht der Gegenwart Jesu über ihn frei. Anschließend bat ich ihn, mir zu sagen, was er spürte. Zu seiner Überraschung war aller Schmerz aus seinem Körper gewichen. Er war so glücklich über die Veränderungen, dass er anfing, mir Fragen zu stellen über meinen Glauben an Christus. Nachdem ich ihm einige kurze Antworten gegeben hatte, brachte er zum Ausdruck, dass der christliche Glaube stets eine Philosophie für ihn gewesen sei und keine Beziehung zu einem lebendigem Gott. Ich erklärte ihm in wenigen Worten, dass auch er in eine Beziehung zu Jesus treten und Seine Gegenwart jederzeit erleben könne. Daraufhin erwiderte er, dass er bereits am ganzen Körper eine Gegenwart spüren würde und dass das alles sehr ungewohnt für ihn wäre.

Da ich wusste, dass mir nur noch wenig Zeit blieb, bis wir den Gipfel erreichten, erkundigte ich mich nach der Taubheit in seinen Muskeln. Er streckte sich ein wenig und erwiderte, dass sie immer noch vorhanden sei. Ich fragte ihn, ob er eine weitere „Licht-Therapie" wünsche, wozu er gerne bereit war. Ich setzte Gottes Gegenwart zum zweiten Mal durch ein einfaches, kurzes Gebet frei und fragte anschließend, wie er sich fühle. Mit einem schockierten Gesichtsausdruck rief er aus, dass alle Taubheit verschwunden sei. „Aber warten Sie", meinte er gleich darauf, „lassen

Sie mich erst aussteigen und die Sache überprüfen", als hätte ich ihn mit einem Zauber belegt, der ihm die Heilung bloß vorgaukelte. Trotz allem war nicht zu übersehen, dass er von der Gegenwart Gottes, die den Lift umgab, sehr berührt worden war und weitere Fragen für ihn aufwarf. Nachdem ich ihm einige davon beantwortet hatte, segnete ich ihn und wir verließen den Lift.

Ich gesellte mich zu meiner Frau und zu meiner Tochter, die vor uns gesessen hatten, und half ihnen bei ihren Snowboards. Während wir noch die Bindungen einstellten, kam der Mann auf seinen Skiern vorbei, um mich darüber zu informieren, dass er weder Schmerzen noch Taubheit verspürte. Nichts tat ihm mehr weh und die linke Seite fühlte sich nun genauso an wie die rechte. Er war so glücklich darüber, dass er ein lautes „Danke!" herausschrie, bevor er den Berg hinabsauste, als befände er sich in einem Rennen.

Ich bin sicher, an jenem Abend sprach er mit seiner Frau sehr lange über den „Lichttherapeuten", dem er tagsüber begegnet war.

Ich musste lediglich die Not wahrnehmen, etwas Mut aufbringen und sie dann mit der Kraft Gottes konfrontieren. Ich nehme an, dass viele Gläubige bei der Vorstellung, dass sie in der übernatürlichen Kraft Gottes dienen sollen, Angst bekommen, weil sie sich einfach nicht in der Lage fühlen, das Reich Gottes mit so viel Zuversicht freizusetzen. Ich finde dennoch, dass alle Gläubigen das Potential haben, auf diese Weise vorzugehen, sofern sie es wollen. Jeder Gläubige besitzt die potentielle Fähigkeit, Kranke zu heilen, zu prophezeien und die Menschen freizusetzen. Ich weiß, dass zu viele von uns sich nicht darüber im Klaren sind, dass wir als Jünger Jesu über unser Können hinaus gesalbt sind.

In einem Gebet für Seine Jünger sagte Jesus einmal zu Seinem Vater: *„Wie du mich in die Welt gesandt hast, habe auch ich sie in die Welt gesandt"* (Johannes 17,18). Nach Seiner Auferstehung teilte Er den Jüngern mit: *„Wie der Vater mich ausgesandt hat, sende ich auch euch"* (Johannes 20,21). Wir sind ausgesandt, dieselben Dinge zu tun, die Jesus tat – den Gefangenen Befreiung auszurufen, den Blinden, dass sie wieder sehen, den Unterdrückten die Freiheit und das Jahr der Gunst des Herrn (siehe Lukas 4, 18-19).

Mit anderen Worten, wir sollen wo immer wir sind und über jeden, den wir treffen, das Reich Gottes freisetzen. Dies war Seine Mission, und dies ist auch unsere Mission.

Zum Nachdenken

1. Haben Sie auch schon einmal so etwas erlebt? Wenn ja, wie war das? Haben Sie aus dieser Erfahrung irgendwelche Erkenntnisse für die Zukunft gewonnen? Falls Sie bisher nichts dergleichen erlebt haben – warum nicht? Sind Sie der Meinung, dass solche Erfahrungen „den anderen" vorbehalten sind? Was könnte Ihnen helfen, um zur Fülle Ihrer Berufung als Jünger Jesu zu gelangen?

    ....

    ....

    ....

2. Wie, glauben Sie, würde Gott Ihre individuelle Kombination an Gaben, Eigenschaften und Interessen gerne gebrauchen? Wo sollen Sie Sein Reich freisetzen?

    ....

    ....

    ....

Meditation

Erinnern Sie sich an die Orte wo Sie gestern waren und an die Menschen, die Sie gestern getroffen haben. Vielleicht sind Sie gerade jetzt, wo Sie dies lesen, an einem Ort mit anderen Menschen um Sie herum.

Bitten Sie den Heiligen Geist, dass er Ihnen hilft, mit seinen Augen zu sehen. Wo auch immer Sie hingehen, hat er Sie aus einem bestimmten Grund hingeschickt. Versuchen Sie, seine liebende Führung zu erkennen und beginnen Sie, wenn möglich sein Königreich freizusetzen. Selbst wenn Sie keine verblüffenden Wunder erleben, so können Sie dennoch für diejenigen, die Sie treffen ein Segen sein und Sie können mehr darüber lernen, Sein Nachfolger zu sein.

Wenn Sie sich vornehmen, für die Nöte in Ihrem Umfeld Verantwortung zu übernehmen, welche Erwartungen haben Sie für den nächsten Tag?

Kapitel 12

UNTER DEM EINFLUSS SEINER GEGENWART
BILL JOHNSON

Die Geschichten über die Wunder Gottes sollen uns dazu bringen, dass wir mehr von Seiner Gegenwart wollen und sie leidenschaftlich suchen. Gott möchte, dass unser Leben unter dem Einfluss Seiner Gegenwart steht und wir nicht einfach nur Seine Richtlinien befolgen. In Seiner Freundlichkeit hat Er uns zu Sich gerufen, und Seine Freundlichkeit führt uns zur Buße. Vollkommene Vergebung und die Erneuerung des Sinnes bewirken eine innige Liebe und Zuneigung zu Ihm. Dies ist die Basis für kontinuierliche Erfahrungen mit dem Reich Gottes, welches untrennbar mit Seiner Gegenwart verbunden ist.

Wir besitzen viele geistliche Gaben, aber der größte Teil davon verharrt im embryonalen Zustand. Nicht, dass sie keinem Zweck dienten oder wirkungslos blieben. Im Gegenteil. Das erste Heilungswunder eines Menschen kann sowohl eine Heilung von Krebs als auch von simplen Kopfschmerzen sein. Die Wahrscheinlichkeit ist in beiden Fällen gleich groß, weil schon das geringste Maß an Glaube Berge versetzen kann. Mit dem embryonalen Zustand meine ich lediglich, dass diese Gaben zwar lebendig, aber klein sind und nie vollständig ausgeformt wurden. Der Herr möchte, dass wir sie anfachen und zu persönlicher Reife gelangen. Die Gaben sind umsonst, aber Reife ist teuer.

So wahr dies ist, gibt es doch Momente, in denen die Gaben Gottes durch eine einzige kühne Handlung regelrecht explodieren und viel Frucht bringen. Mit anderen Worten, manchmal schießt etwas empor, wovon wir dachten, dass es Jahre dauern würde. Dazu muss aber das Klima stimmen – es muss voller Glaube und Mut sein. Genau dies widerfuhr dem Apostel Paulus.

Als Saulus seinen Dienst für Christus antrat, war er noch relativ unbekannt und die rechte Hand von Barnabas, der in der Bibel als *„ein guter Mann und voll Heiligen Geistes und Glaubens"* beschrieben wird (Apostelgeschichte 11,24). Lukas nannte das Team zunächst „Barnabas und Saulus". Doch der Tag kam, an dem sich das ändern sollte.

Ein Zauberer namens Elymas erhob sich gegen die beiden, um das Werk des Evangeliums zu untergraben und potentielle Bekehrungen zu verhindern. Da wurde Paulus durch den Heiligen Geist von Kühnheit erfasst:

Elymas aber, der Zauberer – denn so wird sein Name übersetzt -, widerstand ihnen und suchte den Prokonsul vom Glauben abwendig zu machen. Saulus aber, der auch Paulus heißt, blickte, mit Heiligem Geist erfüllt, fest auf ihn hin und sprach: O du, voll aller List und aller Bosheit, Sohn des Teufels, Feind aller Gerechtigkeit! Willst du nicht aufhören, die geraden Wege des Herrn zu verkehren? Und jetzt siehe, die Hand des Herrn ist auf dir! Und du wirst blind sein und die Sonne eine Zeitlang nicht sehen. Und sogleich fiel Dunkel und Finsternis auf ihn; und er tappte umher und suchte solche die ihn an der Hand leiteten (Apostelgeschichte 13,8-11).

Durch einen einzigen Akt der Kühnheit schuf Saulus die Atmosphäre, in der sein Leben einen enormen Auftrieb bekam. Von jenem Zeitpunkt an bezeichnete Lukas das apostolische Duo nur noch als „Paulus und Barnabas". Ein Augenblick des Mutes hatte genügt, um das Potential freizusetzen, welches in Paulus schlummerte. Seine Kühnheit fungierte als Katalysator und bewirkte den sofortigen Aufstieg. Ist es nicht erstaunlich, wie Paulus jene Manifestation des Reich Gottes aus seinem eigenen Zeugnis zog? Auch er war von Jesus zurechtgewiesen worden und anschließend mit Blindheit geschlagen gewesen. Er hatte also genau dasselbe erlebt, und er wusste, dass Gott es wieder tun würde.

Die Gaben in uns harren darauf, dass sich etwas verändert und sie in unseren Herzen einen Platz finden können. Dies geschieht, sobald sich die innere Welt unseres Geistes erhebt, um der Herausforderung der äußeren Welt zu begegnen. Das heißt in gewisser Hinsicht, dass jeder Gläubige ein Leiter ist.

Nicht jeder Mensch ist mit einem Führungstitel ausgestattet, aber jeder Mensch leitet. Der Tag wird sogar kommen, an dem alle Völker der Erde zum Volk Gottes strömen, um zu hören, was Gott sagt (siehe Micha 4,2 und Jesaja 2, 2-3). Jesus lehrte, dass jeder Gläubige eigentlich in der Lage sein müsste, den Menschen zu vermitteln, was Er sagt, da er doch die Stimme Seines Herrn kennt. Auch der Verfasser des Hebräerbriefes unterstreicht den Leitungsauftrag für alle Christen, wenn er schreibt: *„Denn während ihr der Zeit nach Lehrer sein solltet, ..."* (Hebräer 5,12). Allen Gläubigen ist derselbe Heilige Geist gegeben. Dies macht es jedem Gläubigen möglich, in der Transformation von Menschen, Städten und Nationen eine signifikante Rolle zu spielen.

In einer Armee wird es immer Generäle geben. Aber jeder einfache Soldat in der Armee des Neuen Testaments hat Zugang zu mehr Autorität als irgendein alttestamentlicher General je hatte. Jesus brachte es auf den Punkt, indem Er sagte, dass *„der Kleinste aber im Reich der Himmel … größer ist, als Johannes der Täufer"* (Matthäus 11,11). Wenn jeder Einzelne von uns den Einfluss begreift, über den er verfügt, verschieben sich die Prioritäten. Dadurch ändert sich unser Lernverhalten und was wir meinen, lernen zu müssen, sowie unser Umgang mit den Herausforderungen, denen wir begegnen.

Das Interessante aber daran ist, dass die größte Verantwortung für uns als Leiter gar nicht in der Leitung selbst besteht, sondern in der Nachfolge. Ich bin dazu bestimmt, unter dem Einfluss des Königs und Seines Reiches zu leben, und muss dafür sorgen, dass ich von den richtigen Dingen geprägt werde, damit ich wiederum meine Umwelt im Sinne Gottes präge.

Übernatürliche Wunder graben sich tief in den Geist und die Seele eines Menschen ein, und das wundervolle Resultat davon ist, dass er zu dem Einen, der Wunder tut, hingezogen wird. Wenn aber umgekehrt die übernatürlichen Interventionen Gottes nur selten vorkommen oder gar ausbleiben, fallen die Menschen oftmals von Gott ab. Man muss nur einen Blick auf Israel werfen. (siehe Richter 2, Vers 7,10,12; Josua 24,31). Die übernatürlichen Werke Gottes erhöhen die Führungskapazität der Leiter, und das Volk Gottes geht verstärkt die Wege des Herrn.

Der Leiter verändert durch seine Prägung die geistliche DNA des Volkes Gottes und vererbt ihm ein Herz für Gott. Leiter verbreiten entweder ein gutes oder ein schlechtes Klima. Wahre geistliche Leiter tragen ihr eigenes Himmel-zentriertes, geistliches Wettersystem mit sich herum, das ihren gesamten Einfluss- und Autoritätsbereich durchdringt.

Zum Nachdenken

1. Betrachten Sie sich als Leiter? Warum bzw. warum nicht? Hat Ihnen dieses kurze Kapitel eine neue Perspektive gegeben? Was können Sie anders machen?

   ....

   ....

   ....

2. Was bedeutet der Satz: „Die Gaben sind umsonst, aber Reife ist teuer."

   ....

   ....

   ....

3. Wer hat „in ihr Leben gesät"? In wessen Leben säen Sie? Wen beeinflussen Sie mit dem Himmel, den Sie mit sich führen, und auf welche Weise tun Sie das?

   ....

   ....

   ....

Meditation

Die Art und Weise, wie andere Ihnen gegenüber die Autorität Gottes ausdrücken, wird Sie stark prägen, zum Guten oder zum Schlechten. Während seiner langen Wanderung in der Wüste musste Israel auf übernatürliche Erfahrungen mit Gott verzichten, und eine ganze Generation wuchs ohne Kompass auf. Sie rebellierte, weil sie den Gott der Wunder lediglich vom Hörensagen kannte.

Die Reduzierung des Christentums auf das, was menschlich möglich ist, hat in der Geschichte bei vielen Generationen zu Kaltherzigkeit geführt. Morallehre, obwohl absolut notwendig, entzündet selten ein Feuer im Herzen der Menschen, die sich möglicherweise für ein ewiges Ziel „opfern" müssen.

Gott wollte nie, dass Ihre Gemeinde für ihre Zucht und Ordnung bekannt ist. Gott wollte, dass man Sie und Ihre Glaubensgeschwister für die Leidenschaftlichkeit kennt, die der Einzelne ausstrahlt, und für den Himmel, den er auf die Erde bringt.

Kapitel 13

GOTTES HERZENSWÜNSCHE HERVORBRINGEN

BENI JOHNSON

Wenn wir in die Gegenwart Gottes treten und in den himmlischen Bereich vordringen, stehen wir in der richtigen Position für die großen Durchbrüche. In solchen Momenten sehe ich häufig Gesichter, Orte und Situationen vor meinem geistigen Auge, als wolle Gott mir damit Dinge zeigen, über die ich nachdenken und brüten soll wie ein Mutterhuhn über seine Eier. In 1.Moses 1,1-2 heißt es: *„Und die Erde war wüst und leer, und Finsternis war über der Tiefe; und der Geist Gottes schwebte über den Wassern."* Er brütete über der Erde, auf dass Sein Wille Geschöpfe hervorbringe.

Ehrlich gesagt, brüte ich die meiste Zeit gar nicht. Ich sage einfach „Ja". Ich sage Ja zu den Plänen, die Gott bereits für die Menschen, die Erde und ihre Regionen entworfen hat. „Ja, Gott, tu das." „Nur zu, Vater." „Danke, Heiliger Geist." Auf diese Weise habe ich das Gefühl, aus dem Herzen Gottes heraus zu beten und die Wünsche, die Er darin trägt, ins Leben zu rufen.

Wir müssen uns davor hüten, Gott mit unserer eigenen Agenda vorauszueilen. Wenn wir das tun und schon eine Vorstellung davon besitzen, wie Gott handeln soll, verschließen wir uns der Möglichkeit, von Ihm zu empfangen und Ihm als Partner zu dienen. Schließlich kann Gott in diesem Moment etwas völlig anderes wollen und dann wäre es fast, als würden wir Ihm Handschellen anlegen.

Viele Menschen, die mich um Gebet bitten, bringen ihre eigene Agenda oder Vorstellung mit, was genau Gott tun soll. Manchmal deckt sich das jedoch nicht mit der Agenda Gottes für jenen Moment. Wir müssen lernen, sensibel auf den Heiligen Geist zu reagieren. Wir müssen auf den Herzschlag Gottes hören, anstatt Ihm ständig unsere Ideen auf forsche Art zu präsentieren. Es geht nicht darum, ob unsere Agenda richtig oder falsch ist. Es geht darum, Zeit mit Gott zu verbringen und in Seiner Gegenwart zu ruhen.

Erstaunlich für mich ist, wie Gott darauf wartet, dass wir bei Ihm eintreten. Er sehnt sich danach, dass wir Seine Welt kennenlernen, dass wir in diesen herrlichen Bereich Seines Königreiches hineinschauen. Er möchte, dass wir mit Ihm zusammen die himmlischen Durchbrüche erringen. Sein *Ja* zusammen mit unserem *Ja* bringt den Durchbruch im Gebet.

Ich werde außerdem nie aus dem Staunen herauskommen, dass Gott uns als Partner wünscht. Gleichzeitig jedoch ist es nur logisch, dass wir mit Ihm zusammen die Geschichte schreiben. Schließlich sind wir Seine Kinder. Er ist ein großer und allmächtiger Gott und ebenso ein liebender und fürsorglicher Vater, der, so unglaublich es klingt, zweierlei möchte: Erstens, dass Er in unser Leben miteinbezogen ist, und zweitens, dass wir in Sein Reich miteinbezogen sind. Er möchte, dass wir helfen, hier auf Erden Sein Reich zu bauen.

Manche unserer prophetischen Handlungen stammen direkt vom Herrn. Ich bin aber überzeugt, dass der Vater darüber hinaus die guten Ideen, die wir haben, ebenso gerne aufgreift. In 1.Könige Kapitel 8 steht, dass David von Gott erwählt wurde und es sein Herzensanliegen war, dem Herrn ein Haus zu bauen. In Vers 18 sagt Gott zu David: *„Daß dir das am Herzen lag, in meinem Namen ein Haus zu bauen, daran hast du gut getan, daß dir das am Herzen lag.*" Gott erwählte einen Mann, von dem Er wusste, dass er *Ja* sagen würde, und so sagte Gott *Ja* zu Davids Plan. Der Rest ist Geschichte.

Als unsere Tochter Leah ihr erstes Baby erwartete, fragte sie mich, mit der Erlaubnis ihres Ehemannes, ob ich sie bei der Geburt unterstützen würde. Meine drei Kinder waren auf normalem Wege geboren worden und so urteilte sie: „Du bist ein Profi, Mom." Ich fühlte mich geehrt.

Gott bricht fortwährend in unsere natürliche Welt ein, um uns die geistliche vor Augen zu führen. Und genau das geschah auch während der Entbindung meines Enkelkindes. In Amerika dürfen sich bei einer normalen Geburt die Familie und Freunde im Wehenraum aufhalten. Da unsere Tochter ein äußerst geselliger Mensch ist, wollte sie ihre Familie und Freunde bis zu Beginn der Geburt auf jeden Fall um sich haben. Wie jeder weiß, werden die Wehen gegen Ende immer stärker, sodass man all seine Konzentration aufbieten muss, um sie zu überstehen. Sobald sich eine Wehe ankündigte, setzten wir den Frieden über Leah frei, und anschließend konnte sie ihre ganze Aufmerksamkeit auf meine Anweisungen richten.

In einem solchen Moment betrat ein Freund den Raum und begann, ohne Rücksicht auf das intensive Geschehen, einfach drauflos zu plappern. Aber Leah schien es nicht zu stören. Nachdem alles vorüber war, sprach ich sie darauf an. Sie erzählte mir, dass sie sein Verhalten kaum wahrgenommen hatte, weil sie so sehr auf meine Stimme fokussiert war. Als sie das aussprach, hatte ich plötzlich eine Offenbarung über Fürbitte. Wenn Gott mit uns über Gebetsstrategien spricht, kann unsere Konzentration auf Seine Stimme so stark werden, dass uns nichts mehr ablenken und von Seiner Stimme wegbringen kann. Während der Entbindung war es immer wieder vorgekommen, dass sich unsere Blicke ineinander verhakten. Die Intensität und Entschiedenheit in meinen Augen schenkten meiner Tochter Kraft und halfen ihr, weiterzumachen.

Es wird immer wieder Zeiten geben, in denen wir uns sehr eng an Gott halten und Seine Worte und Vision in uns aufnehmen müssen. Wenn wir auf Ihn schauen, um zu verstehen, wie wir für die Ideen und Strategien beten können, die Er uns schenkt, dann wird es mit Sicherheit zu einer Geburt bzw. einem Durchbruch kommen. Sobald wir dieses Maß an Konzentration aufbringen, müssen wir uns nur noch mit Gott einigen und gemeinsam mit Ihm die Dinge tun, die schon in Seinem Herzen sind - ganz ohne eigene Agenda.

Zum Nachdenken

1. Denken Sie einmal an Ihre eigene Fürbitte. Finden Sie, dass Sie hin und wieder mit Gott eine „Partnerschaft" eingegangen sind? Was wissen Sie nun darüber, wie man seine Konzentration ganz auf Ihn richtet?

   ....

   ....

   ....

2. Wir können Gott eine fertige Agenda vorlegen oder eine Idee, die Ihm gefällt. Worin besteht der Unterschied?

   ....

   ....

   ....

3. Welche Resultate haben Sie gesehen, als Sie Gottes Agenda zustimmten?

   ....

   ....

   ....

Meditation

Bringen Sie Ihr Herz und Ihre Gedanken zur Ruhe, sodass Sie sich Gott nahen können. Konzentrieren Sie sich auf Seinen Herzschlag. Sobald Sie ihn wahrnehmen, beten Sie in Einklang mit den Absichten Seines Herzens. Falls Sie Gottes Herzschlag nicht wahrnehmen, dann sprechen Sie mit Ihm darüber. Bitten Sie Ihn um ein „Coaching". Bitten Sie Ihn, dass Er Ihnen zeigt, wie Sie ausschließlich auf Ihn horchen und jede Störung ausblenden können.

Auf diese Weise konzentrieren Sie sich weniger auf das Ergebnis und mehr auf Ihn. Seine Antworten auf Ihre Gebete werden stets perfekt sein und um vieles besser als das, was Sie sich in Ihrer eigenen, begrenzten Perspektive je ausmalen könnten.

Gottes Ja an Sie und Ihr Ja an Ihn – mehr bedarf es nicht.

Kapitel 14

GOTT SPRICHT IMMER
KRIS VALLOTTON

Gott spricht mit viel Entschlossenheit und Begeisterung zu uns, während wir uns im Vergleich dazu weit weniger bemühen, Ihn zu hören. Wir müssen uns bewusst machen, dass Gott zwar immer spricht, aber trotzdem *kein Mensch* ist und Seine Muttersprache *nicht Englisch* ist! Erst wenn wir uns das bewusst machen und uns eingestehen, dass wir im Grunde genommen überhaupt keine Vorstellung davon besitzen, wie gut wir Gott wirklich sehen und hören, können wir beginnen, „unseren Empfänger auf Seine Radiostation" einzustellen.

Egal, wo Sie sich gerade befinden, überall um Sie herum ist Musik (auch wenn Sie keine hören). Sie ist immer da, doch um sie einzufangen, brauchen Sie ein Radio, da Ihr Körper und Ihre Ohren nicht für den Empfang von Radiowellen geschaffen sind. Genauso verhält es sich mit der Stimme Gottes. Sie sind ständig von ihr umgeben und müssen nur noch lernen, sich auf Seine Wellenlänge „einzustellen". Dazu benötigen Sie die Gabe der Prophetie, mit der Sie sich den geistlichen Bereich erschließen können, der Sie umgibt, auch wenn Sie ihn durch bloßes Hören nicht wahrnehmen. Die Gabe der Prophetie funktioniert wie ein himmlischer Funkempfänger. Sie verleiht Ihnen die Fähigkeit, Gottes allgegenwärtige Stimme, die Ihnen bisher entgangen ist, einzufangen.

Die meisten von uns tun sich schwer mit der Stimme Gottes, weil der Feind nicht will, dass wir sie hören. Jesus erklärte, was häufig dahintersteckt, wenn Gott spricht und wir uns nicht sicher sind, ob wir Ihn wirklich gehört haben:

> *Der Sämann sät das Wort. Die an dem Weg aber sind die, bei denen das Wort gesät wird und wenn sie es hören, sogleich der Satan kommt und das Wort wegnimmt, das in sie hineingesät worden ist. (Markus 4:14-15).*

Satan will verhindern, dass wir Gottes Trost und Ermutigung für uns und andere empfangen. Er will uns weismachen, dass wir Gottes Stimme nicht klar genug gehört haben bzw. dass es gar nicht Seine Stimme war. Sobald er uns davon überzeugen kann, dass Gott nicht wirklich zu uns gesprochen hat, profitieren wir nicht mehr davon. Sobald er uns davon abhalten kann, das Wort des Herrn auszusprechen, indem er uns einredet, dass alles nur Einbildung war und wir uns lächerlich machen würden, hat er erfolgreich die Frucht geraubt, die das prophetische Wort im Leben eines Menschen hätte bewirken können.

Wenn wir unseren Empfänger auf die Stimme des Heiligen Geistes einstellen wollen, müssen wir uns vergegenwärtigen, dass nicht jede Stimme aus dem geistlichen Bereich von Gott kommt. Johannes rät hierzu: *„Geliebte, glaubt nicht jedem Geist, sondern prüft die Geister, ob sie aus Gott sind; denn viele falsche Propheten sind in die Welt ausgegangen.“* (1.Johannes 4,1). Diese Zeilen verdeutlichen, dass wir (die Geliebten) durchaus in der Lage sind, auch andere Stimmen zu hören, die, sofern wir auf sie hören, uns zu falschen Propheten machen.

Übung macht den Meister. Mit zunehmender Erfahrung kann jeder von uns lernen, zwischen den vier möglichen Quellen des geistlichen Inputs zu unterscheiden:

1. *Unser eigener Geist.* Jeder von uns ist ein geistliches Wesen mit einer Seele und einem Körper. Die Wiedergeburt erweckt unseren Geist zum Leben und versetzt uns in die Lage, aus dem geistlichen Bereich zu empfangen – wie ein „Radioempfänger" - wobei unser Geist aber auch eigene „Signale" erzeugen kann.

2. *Der Heilige Geist.* Seine Stimme will man hören, auch wenn Er bisweilen sehr schweigsam ist.

3. *Böse Geister.* Die Geister aus dem satanischen Reich können zu Christen genauso reden, wie sie es mit Jesus taten, als dieser in der Wüste vom Teufel versucht wurde.

4. *Engel.* Laut dem Hebräerbrief, Kapitel 1 sind dies die Geister, die den Gläubigen stets zu Diensten sind. Sie sprechen zu uns über göttliche Dinge.

Gehen Sie im Glauben vorwärts und versuchen Sie, auf den Heiligen Geist zu hören. Dadurch werden Sie viele wertvolle Erfahrungen sammeln. Sie können in den geistlichen Gaben nicht wachsen, ohne hin und wieder Fehler zu machen.

Die Bibel sagt: *„Wer einen Propheten aufnimmt in eines Propheten Namen, wird eines Propheten Lohn empfangen"* *(Matthäus 10,41).* Der Lohn eines Propheten besteht in der Fähigkeit, das Wort zu *sehen* und zu *hören.* Jeder, der Jesus als Propheten ehrt und das Wort aufnimmt, dass Er spricht, wird hören und sehen. Seine Worte setzen eine Gnade frei, die Augen und Ohren öffnet.

Die Wertschätzung gegenüber dem Wort Gottes drückt sich darin aus, dass man sich Zeit nimmt, um Ihn zu hören. Moses hörte die Stimme aus dem brennenden Busch erst, als er hinzutrat und stehen blieb (siehe 2.Mose 3,2-4). Genauso müssen wir uns die Zeit nehmen und Gott intensiv suchen, wenn wir Ihn hören wollen.

Dann werdet ihr von dort aus den HERRN, deinen Gott, suchen. Und du wirst ihn finden, wenn du mit deinem ganzen Herzen und mit deiner ganzen Seele nach ihm fragen wirst (5.Mose 4,29).

Denn des HERRN Augen durchlaufen die ganze Erde, um denen treu beizustehen, deren Herz ungeteilt auf ihn gerichtet ist (2.Chronik 16,9).

Selbst wenn Gott hörbar vom Himmel herab reden sollte, würden manche Leute doch nur ein Donnern wahrnehmen (siehe Johannes 12, 28-29). Ob wir taub sind oder nicht wird keinesfalls davon bestimmt, wie laut Gott spricht, sondern davon, wie empfänglich wir für Sein Reden sind.

Jesus sprach: *„Meine Schafe hören meine Stimme, und ich kenne sie, und sie folgen mir (Johannes 10, 27).* Mose sagte: *„Mögen doch alle im Volk des HERRN Propheten sein, daß der HERR seinen Geist auf sie lege!"* (4.Mose 11, 29).

Wissen ist Macht. Gott möchte die Macht in Seinem Reich nicht den Stolzen überlassen. Aus diesem Grunde verbirgt Er Sein Wort, damit nur die Hungrigen und Demütigen Zugang zu Seiner Stimme haben (siehe Lukas 10,21).

Prophetie, in ihrer simpelsten Form, ist das reine Nachsprechen dessen, was man vom Heiligen Geist gehört hat.

Zum Nachdenken

1. Nennen Sie Beispiele aus Ihrem Leben, in denen Sie 1. die Stimme Ihres Geistes, 2. die Stimme eines bösen Geistes, 3. die Stimme eines Engels und 4. die Stimme des Heiligen Geistes gehört haben. Woran erkennen Sie die jeweilige Quelle?

   ....

   ....

   ....

2. Zählen Sie einige der Gründe auf, warum Sie Gottes Stimme manchmal nicht hören? Was können Sie dagegen tun?

   ....

   ....

   ....

3. Auf welche Weise spricht Gott normalerweise zu Ihnen persönlich?

   ....

   ....

   ....

Meditation

Die Kultivierung eines reinen Herzens ist für die Kommunikation mit Gott überaus wichtig. Nur wer ein reines Herz besitzt, wird Gott sehen. *„Glückselig, die reinen Herzens sind, denn sie werden Gott schauen"* (Matthäus 5,8).

Nehmen Sie sich etwas Zeit und bitten Sie Gott, dass Er Ihr Herz erforscht. Erlauben Sie Ihm, den Boden Ihres Herzens urbar zu machen, damit die Samen Seines Wortes darin aufgehen können. Schenken Sie Ihm, geleitet von Demut und geistlichem Hunger, mehr Vertrauen.

Kapitel 15

CHARAKTER UND GEISTLICHE KRAFT
BILL JOHNSON

Die meisten Gläubigen wollen in erster Linie respektierte Bürger ihrer städtischen Gemeinden sein. Ein guter Charakter sorgt zwar dafür, dass wir unseren soliden Beitrag zur Gesellschaft leisten, doch auch Menschen, die Gott nicht kennen, setzen viel von dem um, was als christlicher Lebensstil gilt. Jeder Gläubige sollte einen guten Ruf haben – und mehr. Natürlich muss unser gesamtes Handeln von einem guten Charakter geprägt sein, doch solange sich die Kirche nicht wieder am Beispiel Jesu orientiert und Reich Gottes lebt, werden wir für die Welt weiterhin bloß nette Leute bleiben. Manche Christen finden es edel, den Charakter über die geistliche Kraft zu stellen. Aber wir dürfen das eine nicht vom anderen trennen, was genau genommen unverantwortlich und nicht vertretbar ist. Nur wenn Charakter und geistliche Kraft Hand in Hand gehen, bewirken sie die entscheidende Reaktion, nämlich den Gehorsam.

Als ich einmal vor einer Gruppe Studenten über die Bedeutung von Zeichen und Wundern bei der Verbreitung des Evangeliums sprach, meldete sich ein junger Mann und sagte: „Ich werde mich erst dann nach Zeichen und Wundern ausstrecken, wenn ich weiß, dass ich mehr vom Charakter Christi in mir habe." So gut das klingen mag, entspringt es doch einem religiösen Denken und nicht einem Herzen, das sich dem Evangelium von Jesus Christus völlig hingibt. Als Antwort auf seinen Kommentar schlug ich meine Bibel auf und las den Missionsbefehl vor:

> *Mir ist alle Macht gegeben im Himmel und auf Erden. Geht nun hin und macht alle Nationen zu Jüngern, indem ihr diese tauft auf den Namen des Vaters und des Sohnes und des Heiligen Geistes, und sie lehrt alles zu bewahren, was ich euch geboten habe! Und siehe, ich bin bei euch alle Tage bis zur Vollendung des Zeitalters. (Matthäus 28,18-20)*

Anschließend fragte ich den Studenten: „Woher nimmst du dir das Recht, selbst darüber zu entscheiden, wann du dem Gebot Gottes gehorchst?"

Charakter entsteht durch Gehorsam. Gehorsam ist, wenn man tut, was Jesus gesagt hat. Jesus befahl Seinen Jüngern, hinzugehen und den Menschen alles beizubringen, was Er sie gelehrt hatte, also auch Zeichen und Wunder. Er gebot ihnen: *„Heilt Kranke, weckt Tote auf, reinigt Aussätzige, treibt Dämonen aus. Umsonst habt ihr empfangen, umsonst gebt."* *(Matthäus 10,8).* Teil des göttlichen Charakters ist der ausnahmslose Gehorsam gegenüber den Geboten Jesu.

Kann es sein, dass das spärliche Auftreten von Zeichen und Wundern in Nordamerika daher rührt, dass zu viele Menschen denken, sie müssten zuerst bessere Christen werden, bevor Gott sie gebrauchen könne? Ja! Denn diese Lüge hat dafür gesorgt, dass wir keine umkrempelnden Begegnungen mit der geistlicher Kraft haben und in ewiger Unreife verbleiben. Wir nehmen unsere Neubekehrten und schulen und schulen sie, bis kein Leben, keine Vision und kein Erfindergeist mehr in ihnen ist, anstatt sie zu lehren, wie sie ihre Identität als Weltveränderer leben können, als Menschen, die aufgrund ihres Charakters, ihrer Leidenschaft und geistlichen Power unzählige Möglichkeiten finden, Gott zu dienen..

Sowohl das Alte als auch das Neue Testament sind voller grandioser Beispiele von Menschen, die zu allen übernatürlichen Unternehmungen befähigt und gesalbt waren. Nicht immer zeichneten sich diese Menschen durch einen reifen Charakter aus, aber am Ende entsprachen sie alle den Vorstellungen Gottes. König Saul ist ein gutes Beispiel dafür. Gott sprach und sagte, dass der Geist des Herrn über ihn kommen und er in einen *„anderen Menschen umgewandelt werden"* würde (siehe 1.Samuel 10,6). Anschließend *„gab ihm Gott ein anderes Herz"* (Vers 9) und *„er weissagte mit den Propheten"* (Vers 11).

Ein guter Freund von mir hatte eine erhebliche Charakterschwäche, welche ihn und seine Familie für eine gewisse Zeit geistlich lähmte. Gleichzeitig behielt er aber seine starke prophetische Salbung. Er war nicht der erste Mensch, der seinen erfolgreichen Dienst als Zeichen dafür ansah, dass Gott sein Privatleben billigte. Ich verspürte den heftigen Drang, ihn um seiner und meiner Gemeinde und um seines Dienstes willen zu disziplinieren. Ich konfrontierte ihn mit seiner geheimen Sünde und er weinte sehr. Als ich ihm sagte, dass er für eine Weile mit der Prophetie aussetzen müsse, nahm er es als notwendige Konsequenz hin. Aber nach mehreren Monaten musste ich ständig an die Geschichte von Saul denken und ich wurde unruhig. Ich erkannte, dass ich, solange ich ihn nicht in seiner Gottgegebenen Salbung dienen ließ, ihm genau das vorenthielt, womit er dauerhaft seine Sünde besiegen konnte. Nachdem ich ihn wieder für die Prophetie freigesetzt hatte, schwang im Laufe der Zeit eine neue Reinheit und Kraft in seiner

Stimme mit. Die persönliche Berührung mit seiner eigenen Salbung verwandelte ihn „in einen anderen Menschen".

Doch Vorsicht, die Frage des Charakters ist für Gott von höchster Wichtigkeit. Der Unterschied besteht darin, dass Gott einen anderen Ansatz hat. Wir können Seine Gerechtigkeit und Seinen Charakter nicht durch eigene Bemühungen in uns aufbauen. Beides kann sich nur dann entfalten, wenn wir jegliche Anstrengung aufgeben und uns völlig Seinem Willen ausliefern. Wie die Jünger müssen wir auf die Kraft von oben warten, und wenn sie kommt, dann sollten wir sie nicht begraben sondern in die Welt hinaustragen.

Warum fürchten wir uns so davor, Fehler zu machen, und begegnen dem Thema Gotteserfahrung eher misstrauisch? Natürlich gibt es viele Gruppen, deren Glauben auf Erfahrungen beruht, die im Widerspruch zur Bibel stehen. Aber dies sollte uns nicht ins kraftlose dogmatische Lager treiben. Wir wollen unsere Gaben nicht vergraben und bei der Ankunft des Herrn sagen müssen, dass wir Angst hatten, etwas falsch zu machen (siehe Matthäus 25).

Am Kreuz wurde die Sünde mit Stumpf und Stiel ausgerissen. Ein für allemal. Anstatt Gott um mehr Kraft für ein siegreiches Leben anzurufen, könnte man Ihn um mehr Power und Kühnheit bitten, um Seinen Geboten zu gehorchen und Wunder zu tun. Wir sollten aufpassen, dass wir unsere Zelte nicht auf der falschen Seite des Kreuzes aufschlagen.

Kraft und Charakter sind in der Bibel so eng miteinander verwoben, dass der eine Bereich unweigerlich in Mitleidenschaft gerät, sobald man im anderen schwach ist.

Zum Nachdenken

1. Was ist Ihnen in diesem Kapitel besonders ins Auge gesprungen und dient Ihnen zur persönlichen Anwendung? Wie wirkt sich das auf Ihr Denken aus?

   ....

   ....

   ....

2. Kennen Sie jemanden, der einen guten Charakter hat und gleichzeitig stark in seinen Geistesgaben ist? Wie war diese Person noch vor ein paar Jahren und wie wurde sie Jesus immer ähnlicher?

   ....

   ....

   ....

3. Auf welcher Seite des Kreuzes „kampieren" Sie in der Regel?

   ....

   ....

   ....

Meditation

Ihre Beziehung zum Heiligen Geist wird dafür sorgen, dass Ihr Charakter und Ihre geistliche Kraft Hand in Hand gehen. Das Gebot: *„Und betrübt nicht den Heiligen Geist Gottes,.. "* (Epheser 4,30) bezieht sich auf den Charakter. Sobald Sie sich durch sündiges Handeln vom Charakter Jesu entfernen – indem Sie das Falsche tun bzw. das Richtige unterlassen – betrüben Sie den Heiligen Geist. Das Gebot: *„Den Geist löscht nicht aus!"* (1. Thessalonicher 5,19) betrifft den Gehorsam gegenüber der Führung Gottes. Auslöschen heißt, den Fluss Seiner Kraft zum Stillstand bringen.

Denken Sie über die Zeiten nach, in denen Sie Ihre Entscheidungen und Ihr Handeln in einer Weise rechtfertigten, die den Geist Gottes betrübte oder auslöschte. Wenden Sie sich zu Gott und sagen Sie Ihm, wie Sie sich von nun an verhalten wollen.

Kapitel 16

DAS REICH GOTTES NIMMT ZU
BANNING LIEBSCHER

Zeichen, Wunder, Heilungen und Prophetie haben in den Gemeinden wieder ihren Platz gefunden, sowohl bei Evangelisationseinsätzen als auch im Alltag innerhalb und außerhalb der Kirchenmauern. Dies geschieht nicht nur durch die Hände derer, die schon von Berufs wegen ein geistliches Amt ausüben. Fußballmütter, Geschäftsleute, Lehrer, Kinder und viele andere bezeugen das Wort, welches sich in ihrem normalen Leben manifestiert. Jahrelang haben wir solche Zeugnisse nur von Missionaren und Reisepredigern gekannt und uns mit ihnen gefreut. Aber nun passieren diese Geschichten nicht mehr ausschließlich in der Dritten Welt. Nun wird das volle Evangelium vom Reich Gottes in den westlichen Nationen gepredigt, begleitet von Zeichen und Wundern.

Selbst wenn die momentane weltweite Erweckung und die Ausbreitung von Gottes Reich heute ihr Ende fände, würde sie als die flächendeckendste und rasanteste Erweckung aller Zeiten in die Geschichtsbücher eingehen. Gleichwohl ist das Aufregendste daran, dass wir erst am Anfang dessen stehen, was Gott plant. Er ist fest entschlossen, den Wunsch Seines Sohnes zu erfüllen und Ihm die Völker der Erde zum Erbteil zu geben (siehe Psalm 2,8).

Gott bereitet uns auf etwas Außergewöhnliches vor. Eine neue Spezies geistlicher Erneuerer kristallisiert sich heraus – brennend vor heiliger Leidenschaft hört sie auf den Herzschlag des Vaters und antwortet auf Sein Verlangen. Als Jugendpastor sprach ich auch gelegentlich in den christlichen Klubs der High Schools. Dabei stellte ich häufig fest, dass sich die christlichen Studenten vor allem darum bemühten, inmitten einer weltlichen Generation zu überleben. Sie drängten sich zusammen und bestärkten einander, um nicht vom Glauben abzufallen. Ich stellte mir vor, wie sie sich jede Woche trafen und sagten: „OK, da haben wir ja wieder eine Woche hinter uns gebracht. Puh! Es ist schlimm da draußen. Die Menschen rauchen, nehmen Drogen, haben Sex und missbrauchen den Namen des Herrn." Ich stellte mir weiter vor, wie sie sich anschließend gegenseitig fragten: „Bist du noch errettet?" „Yeah, und du?" „Yeah." „Okay. Gut. Dann treffen wir uns nächste Woche wieder und vergewissern uns, dass wir noch errettet sind."

In Wirklichkeit hat niemand so gesprochen, aber ihre ausgeprägte Haltung des bloßen Überlebens zeigte mir, dass unter der Oberfläche genau dies stattfand. Ihre Umwelt erschütterte sie derart, dass sie von der Erfüllung des Missionsbefehls nur noch träumen konnten. Sie erkannten nicht, dass sie die übernatürliche Kraft besaßen, um den gesamten Campus für das Evangelium zu gewinnen.

Aber mittlerweile findet in allen Altersstufen ein Umdenken statt. Die Menschen lernen dazu und wollen unbedingt erleben, wie Gottes Herrlichkeit die Erde bedeckt. Nicht länger damit zufrieden, in der Welt einfach nur zu überleben, wollen sie, dass sich das Reich der Welt in das Reich unseres Herrn verwandelt (siehe Offenbarung 11,15). Es ist nicht übertrieben zu sagen, dass wir die Macht in der Welt übernehmen sollen. Wir sind Teil einer Revolution. Wir sind dazu ernannt, die Herrschaft der Finsternis, die Menschen unter die Sünde und Krankheit versklavt, zu stürzen und das Reich des Lichtes, im Himmel also auf Erden, aufzurichten. Diese Revolution ist keine Anarchie der Gewalt und Kontrolle. Sie ist eine himmlische Reformation, in der Wahrheit und Liebe in übernatürlicher Kraft demonstriert werden.

1975 erhielten Bill Bright und Loren Cunningham vom Herrn fast dieselbe Vision. Der eine sah sieben „Berge" und der andere sieben „Meinungsbildner" (Einflussbereiche) in der Gesellschaft [3]. Lance Wallnau hat die *Seven Mountains* Botschaft in die Gegenwart getragen. Wer diese Berge und Einflussbereiche beherrscht und kontrolliert, bestimmt den Themenkatalog und die Atmosphäre in einer Gesellschaft. Gott möchte, dass wir sie in göttlicher Weisheit, Liebe, Freude und Kraft steuern:

Familie
Religion
Wirtschaft
Bildung
Staatsführung
Kunst und Medien
Technologie und Wissenschaft

Die neue Spezies geistlicher Erneuerer, die heutzutage immer mehr in Erscheinung tritt, wird nicht nur hinter den Kanzeln stehen, sondern in jeden gesellschaftlichen Bereich Heilung und Befreiung bringen, sodass die Nationen der

---

3   Siehe *Transcript of Interview of Loren Cunningham on Original 7 Mountains Vision* auf http://www.reclaim7mountains.com/apps/articles/default.asp?articleid=40087&columnid=4347

Welt dem Fluch entkommen und Heil und Segen erfahren. Gott will *alle* Gläubigen (das Salz der Erde – siehe Matthäus 5,13) ergreifen und bis in die letzten Winkel über die ganze Welt verstreuen.

Manche dieser Erneuerer sind Geschäftsführer eines Multimilliarden-Dollar-Imperiums oder Frauen, die Heimstätten für ledige Mütter schaffen, oder Sozialarbeiter, die den allgemeinen Umgang mit Kindern verändern, oder Politiker, in deren Gesetze sich der Rat des Herrn widerspiegelt, oder Richter, die den Arm der Gerechtigkeit Gottes verlängern, oder Schriftsteller, in deren Büchern sich den Menschen das Wesen Gottes offenbart, oder Filmemacher, die uns mit ihrem Schaffen zu mehr Einsatz für das Gute herausfordern, und Schulrektoren, die bessere Unterrichtsmethoden einführen.

Ich kenne Leute, die in unterschiedlichen gesellschaftlichen Positionen auf eine geistliche Erweckung hinarbeiten. Der eine ist Superintendent eines kalifornischen Schuldistrikts, der andere Medaillengewinner sowohl bei den Olympischen Spielen als auch bei den X Games. Ein weiterer ist Leadsänger in einer Rockband, der nächste Rechtsanwalt beim Militär und ein anderer wiederum hat als Geschäftsmann ein großes Waisenhaus und eine Schule gegründet. Was diese Menschen tun, das tun sie gerne, und Gott gebraucht sie dabei. Sie sind das Salz der Erde. Ihre individuellen Fähigkeiten und Passionen fließen mit der Berufung Gottes auf ihrem Leben zusammen und macht sie „salzig".

Genauso können auch wir, Sie und ich, Gott unsere Sehnsüchte und Fähigkeiten anbieten und uns nach Seiner Salbung mit dem Feuer und der Bestimmung des Himmels ausstrecken. Er hilft uns bei der Identifizierung der Träume unseres Herzens und rüstet uns aus mit Kraft und Stärke, sodass wir an den Missionsbefehl Jesu anknüpfen und Heilung und Veränderung in die Gesellschaft tragen können: *„Geht nun hin und macht alle Nationen zu Jüngern, indem ihr diese tauft auf den Namen des Vaters und des Sohnes und des Heiligen Geistes, und sie lehrt alles zu bewahren, was ich euch geboten habe!"* (Matthäus 28, 19-20). Wir sollen beileibe keine stumpfsinnigen Diener sein, die nur in der Bibel lesen und zur Kirche gehen. Wir sind dazu berufen, Partner des Himmel zu sein.

Zum Nachdenken

1. Gilt der Missionsbefehl nur für die Jünger, die leidenschaftlich gerne evangelisieren? Warum bzw. warum nicht?

   ....

   ....

   ....

2. In welchem der sieben Einflussbereiche finden Sie sich wieder? Auf welche Weise sind Sie von Gott berufen, dort Sein Reich zu verbreiten?

   ....

   ....

   ....

Meditation

Wenn Sie dem Herrn im Gebet begegnen, wohin werden Sie von den Gedanken Ihres Herzens getragen? Vielleicht mussten Sie des öfteren nach einem Tag oder einer Woche auf dem Kampffeld bei Ihm wieder auftanken. Inwiefern hat Er Sie bei dieser Gelegenheit mit einer neuen Vision und Entschlossenheit ausgerüstet? Bauen Sie nur auf Seine Überlebenskraft – oder auch auf Seine Erweckungskraft?

Nehmen Sie heute in Seiner Gegenwart eine Bestandsaufnahme Ihres Lebens vor. Tun Sie es unter dem Aspekt Ihrer „Salzigkeit". Überlegen Sie, wo Ihr Platz ist, und bitten Sie Ihn um Sein Licht für die nächsten Schritte auf Ihrem weiteren Weg.

Kapitel 17

DAS GEBET IM GEIST
BILL JOHNSON

Sich im Herrn zu stärken bedeutet, dass wir uns geistig, seelisch und körperlich völlig auf das einstellen, was Gott vorhat. Daraus schöpfen wir die Kraft, Seinen Plänen auch im Angesicht von Schwierigkeiten und Widerständen treu zu bleiben. Doch zum größten Teil sind es nicht wir, die Seinen Plänen Gestalt geben. Gott selbst verwandelt sie in ein Gebäude, bestehend aus den Männern und Frauen, die in Seinem Auftrag wiederum den Leib Jesu jüngern.

So bezeichnet zum Beispiel Paulus in seinem ersten Brief an die Korinther sich selbst als einen „Baumeister", der in Korinth das geistliche Fundament für das Haus Gottes gelegt hat, welches die Gemeinschaft der Erlösten ist (siehe 1.Korinther 3,10). Etwas später im Brief dankt er Gott dafür, dass er „mehr in Sprachen als ihr alle" redet (1.Korinther 14,18). Das Reden in Sprachen bzw. das Beten im Geist war etwas, woraus Paulus seine Kraft als Reich-Gottes-Erbauer bezog.

Judas spricht ebenfalls davon: „Ihr aber, Geliebte, erbaut euch auf eurem heiligsten Glauben, betet im Heiligen Geist, …" (Judas 1,20). Und auch Paulus bringt die Vorstellung von der Selbsterbauung durch das Gebet im Geist zum Ausdruck, wenn er schreibt: „Wer in einer Sprache redet, erbaut sich *selbst...* "(1.Korinther 14,4). Wenn wir in Sprachen beten, dann bauen wir etwas. Lance Wallnau nennt es einen inneren Glaubensaufbau, von welchem aus sich der Wille Gottes manifestiert.

Wie geschieht so etwas? Wenn wir in Sprachen beten, sprechen wir mit unserer Stimme das aus, was unser Geist in seinem Gespräch mit dem Heiligen Geist ausdrückt. Darin steckt viel Kraft, da unser Geist in vollkommener Übereinstimmung mit Gott betet. Indem wir unsere Seele und unseren Körper miteinbeziehen, erzielen wir eine noch höhere Übereinstimmung mit dem Heiligen Geist. Man könnte auch sagen, Körper und Seele tauchen in die Realität mit ein, die unser Geist ohnehin schon in der Gegenwart des Herrn erlebt. Das Gebet im Geist schenkt dem Heiligen Geist die Möglichkeit, uns zu lehren, wie wir denken und beten sollen. Jesus erklärte Seinen Jüngern, dass der Vater den Geist zu diesem speziellen Zweck senden würde, sobald Er, Jesus, in den Himmel aufgefahren sei:

Wenn aber jener, der Geist der Wahrheit, gekommen ist, wird er euch in die ganze Wahrheit leiten; denn er wird nicht aus sich selbst reden, sondern was er hören wird, wird er reden, und das Kommende wird er euch verkündigen. Er wird mich verherrlichen, denn von dem Meinem wird er nehmen und euch verkündigen (Johannes 16, 13-14).

Das ist eine herrliche Verheißung, aber wir müssen verstehen, dass der Heilige Geist kein Megaphon benutzt und Seine Stimme nicht die einzige ist, die um unsere Aufmerksamkeit wirbt. Um die Frequenz einzufangen, auf welcher Er zu hören ist, müssen wir zuvor den Ton unserer eigenen Gedanken herunterdrehen und warten. Ich nenne das „sich in Seine Stimme legen". Das Sprachengebet ist ein machtvolles Instrument, mit dem wir uns ganz auf Ihn konzentrieren können, während wir uns gleichzeitig Seiner Gegenwart bewusst werden.

Auf einer solchen Basis kann der Geist der Offenbarung die *„Augen unseres Herzens"* erleuchten (siehe Epheser 1,18), damit wir das Geschehen um uns herum nicht mit unserem eigenen begrenzten Denken zu erklären versuchen. Die wundervolle Gabe des Sprachengebets erlaubt uns, mit dem Herrn zu beten, auch wenn es uns noch an Verständnis fehlt. Sie zieht uns in Seine Gegenwart und öffnet unser Bewusstsein für das Reden des Geistes. Auf diese Weise verstehen wir immer besser, was Gott gerade tut und warum. Wenn wir sowohl im Geist als auch in verständlichen Worten beten, wird der Level unserer Übereinstimmung mit Gott steigen. Paulus schreibt: *„Ich will beten mit dem Geist, aber ich will auch beten mit dem Verstand"* (1.Korinther 14,15). Auf diesem Weg baut das Beten im Geist unseren Glauben auf.

Der Glaube kommt nicht aus dem Verstand. Wenn wir unter Umgehung unseres menschlichen Intellekts in Sprachen beten, aktiviert der Geist unseren Glauben, und dieser wiederum verbindet uns mit dem geistlichen Fluss, der aus Gott entspringt. Im Johannesevangelium sagt Jesus, dass Er in allem, was Er tut und sagt, dem Beispiel Seines Vaters folgt (siehe Johannes 5,19; 12,49). Seine Worte und Taten befanden sich in völliger Übereinstimmung mit dem Vater. Mit anderen Worten, alles, was Er tat und sagte, geschah aus reinem Glauben. Sein Glaube setzte die Reich-Gottes-Realität in das Geschehen Seiner Umgebung frei.

Das ist die ständige Verbindung zur Gegenwart Gottes schlechthin (in der wir zunehmend verstehen, wer Gott ist und wie Er reagiert), das ist das Herzstück des Glaubens. Somit führt das Beten im Geist und die daraus resultierende

Erkenntnis dazu, dass wir am Ende tatsächlich so denken und handeln wie Er.

Im Gegensatz zu jenen „Gebeten", die einfach an die Zimmerdecke geworfen werden in der Hoffnung, dass eines davon „kleben" bleibt und Erhörung findet, erzielt das Glaubensgebet immer ein Resultat. Das Glaubensgebet kommt aus dem Herzen des Vaters, und da wir nah an Seinem Herzen liegend wissen, was Er vorhat, wissen wir auch, was und wie wir beten sollen. Aus diesem „inneren Wissen" heraus ist es relativ leicht, als Sein Mitarbeiter in Autorität das auszusprechen, was Er soeben in eine Situation hineingesprochen hat.

Gott sehnt sich danach, dass jeder Gläubige so reif wird, dass er mehr und mehr sieht und hört, was der Vater gerade tut und sagt, und im Einvernehmen mit Ihm im Glauben vorwärtsgeht. Das ist meine Überzeugung. Im Laufe dieses Lernprozesses werden wir feststellen, dass Gebetserhörungen allemal wundervoll und wichtig sind, dass aber das Hören Seiner Stimme in der Intimität des Gebetes das Beste überhaupt ist.

Zum Nachdenken

1. Versuchen Sie mit eigenen Worten zu erklären, inwiefern das Sprachengebet dem Heiligen Geist die Möglichkeit verschafft, uns zu lehren, wie wir denken und beten sollen.

....

....

....

2. Wer den Geist auslöscht, unterbricht Seinen Fluss (siehe 1. Thessalonicher 5,19 und die Meditation aus Kapitel 15 in diesem Buch). Haben Sie Ihn möglicherweise in letzter Zeit ausgelöscht? Wenn ja, wie? Treten Sie demütig vor Gott und tun Sie Buße. Nehmen Sie sich mehr Zeit, um sich an Ihn zu lehnen und Ihm zuzuhören. Bitten Sie Ihn, dass Er Sie regelmäßig daran erinnert.

....

....

....

3. Was sollen Sie im Auftrag Gottes in Seinem Reich aufbauen? Auf welche Weise unterstützt Er Sie dabei? Was lernen Sie während dieser Arbeit über das Anlehnen an Ihn?

....

....

....

Meditation

Ziehen Sie sich in der Erwartung, dass der Heilige Geist Ihren Geist aktiviert, zurück und beten Sie Gott in der Sprache an, die Er Ihnen gegeben hat. Wenn Sie noch nie in Zungen gebetet haben, dann bitten Sie Ihn, diese Gabe in Ihnen freizusetzen. Denken Sie an die Worte Jesu:

Denn jeder Bittende empfängt, und der Suchende findet, und dem Anklopfenden wird aufgetan werden. Wo ist unter euch ein Vater, den der Sohn um einen Fisch bitten wird – er wird ihm statt des Fisches doch nicht eine Schlange geben? Oder auch, wenn er um ein Ei bäte – er wird ihm doch nicht einen Skorpion geben? Wenn nun ihr, die ihr böse seid, euren Kindern gute Gaben zu geben wißt, wieviel mehr wird der Vater, der vom Himmel gibt, den Heiligen Geist geben denen, die Ihn bitten! (Lukas 11, 10-13)

„Legen" Sie sich nun mehr und mehr in die Stimme des Vaters hinein. Horchen Sie mit Ihrem Herzen. Er flüstert Ihnen etwas zu und möchte, dass Sie es hören.

Kapitel 18

KINDER DES LICHTS
DANNY SILK

Viele Christen glauben, dass die menschliche Natur hoffnungslos schwarz ist. Sie haben sich zu lange an der alttestamentlichen Stelle aufgehalten, in der es heißt: „*Trügerisch ist das Herz, mehr als alles, und unheilbar ist es. Wer kennt sich mit ihm aus?*" (Jeremia 7,9). Wenn sie dann Paulus´ Offenbarung lesen: „*Denn einst wart ihr Finsternis, jetzt aber (seid ihr) Licht im Herrn. Wandelt als Kinder des Lichts...* " (Epheser 5,8), bleiben sie in der ersten Hälfte seiner Aussage hängen und kultivieren nicht ihren tatsächlichen Status als „Kinder des Lichts".

Ja, wir *waren* einst Finsternis, aber unsere Natur hat sich komplett verändert. Wie können wir die Furcht vor Sünde besiegen und unsere bereits begangenen Verfehlungen endgültig hinter uns lassen? Wann werden wir vollständig ins Licht treten und dem Himmel erlauben, durch uns auf der Erde zu regieren? Ein Mensch, der sündigt, ist ein Ärgernis. Wer die Regeln bricht, wird *schuldig* gesprochen und ins Gefängnis geworfen. Unsere Gesellschaft ist voller Sünder, die sündigen, und naturgemäß in einer Beziehung zu den Regeln gefangen. Selbst die Gesetzlosigkeit ist von dieser Beziehung geprägt. Manche Menschen definieren ihr Verhältnis zu den Regeln dadurch, dass sie sie brechen. Ohne eine Beziehung zum Gott der Liebe und des Lichts bleibt als einzige Option nur noch ein Leben innerhalb der engen Grenzen von Regeln und Vorschriften. Ein Gesetzesverstoß dient als Rechtfertigung dafür, dass dem Täter keine Liebe entgegengebracht wird. Ich entziehe Ihnen meine Liebe, wenn Sie gegen die Regeln verstoßen, denn wer nicht funktioniert, ist der Liebe nicht wert und muss bestraft werden. Und sobald ich meine Liebe zurückhalte, tritt die Angst an ihre Stelle und ein Geist der Furcht bestimmt mein Verhalten gegenüber dem Übeltäter.

Wenn wir uns fürchten, sehnen wir uns nach Kontrolle. Deshalb reagieren wir auf die Sünde anderer Menschen mit einem Kontrollsystem, welches uns das Gefühl vermittelt, dass wir die Oberhand behalten. Daraus hat sich in den Familien, Gemeinden und Regierungen die gängige Praxis entwickelt, dass man den Übeltäter zu einer ganzen Reihe von Verhaltensweisen zwingt, was man Strafe nennt, um zu beweisen, dass die jeweilige Gruppe noch immer das Sagen hat. Auf diese Weise bestärken wir den Betroffenen in seiner Überzeugung, dass ihm die Kraft fehlt, sich zu ändern und Verantwortung für sein Verhalten zu übernehmen.

Jesus starb, um genau dies abzuschaffen. Er führte eine völlig neue Welt ein, in der es völlig anders zugeht. Unsere Herausforderung besteht darin, dass Sein Geist unser Denken mehr beeinflussen darf als der Lauf dieser Welt. Bedauerlicherweise fallen aber die meisten von uns nur allzu oft in ein Denken zurück, das auf Regeln fixiert ist, obwohl schon so viel über das Neue Leben gepredigt wurde.

Es gab zwei Jünger, die Jesus verleugneten. Petrus tat es drei Mal, Judas ein Mal. Doch während Petrus am Ende in das Licht der Liebe und Vergebung trat, blieb Judas in der Dunkelheit zurück. Wo liegt also der Unterschied? Der wahre Unterschied liegt nicht in der Sünde, die sie begingen, sondern in ihrem anschließenden Verhalten. Das ist von enormer Wichtigkeit. Man nennt es Buße. Aber Buße funktioniert nur dann, wenn die betreffende Person eine Verbindung von Herz zu Herz eingeht. Verletzte Regeln lassen sich nicht durch Buße besänftigen. In einer Umgebung, die die Beziehung zu Regeln schützt und von ihnen beherrscht wird, kann Buße nicht funktionieren, weil sie völlig anders verstanden wird. Man ist nur dann „bußfertig", wenn man sich einer Bestrafung bereitwillig unterwirft. *You did the crime, so you must do the time* – du hast etwas verbrochen, also musst du auch dafür büßen. Die Frage nach der Beschaffenheit des Herzens während der Tat stellt sich nicht, da das Thema Beziehung und Liebe völlig außer Acht bleibt. Wenn wir diese Art von Buße in der Gemeinde praktizieren, dann zwängen wir uns selbst in das enge Korsett irdischer Gerichtsbarkeit und verhindern, dass das Licht in der Finsternis scheint.

Wahre Buße hingegen ist eine Gabe, die aus der Beziehung erwächst. Die Gabe der Buße macht echte Wiederherstellung möglich. Tatsächlich ist sie absolut notwendig, um eine Beziehung zu heilen, die durch sündiges Verhalten beschädigt wurde. Wahre Buße entsteht ausschließlich in der Beziehung zu Gott und im Kontakt mit Seiner verändernden Gnade.

Wenn Gott einen Menschen wiederherstellt, der Buße tut, dann setzt er ein königliches Familienmitglied zurück auf seinen Ehrenplatz. Der erneuerte Gläubige kann sagen. „Ich bin wieder ein Kind Gottes." Die Wiederherstellung eines Gläubigen ist immer auch eine wiederhergestellte Beziehung – vom Kreuz bewirkt und durch das Kreuz definiert. Johannes erklärt in seinem Brief, dass Jesus die *„Sühnung für unsere Sünden"* ist und folgert daraus: *„...wenn Gott uns so geliebt hat"* – d.h. wenn Gott Seine Beziehung zu uns wichtiger nimmt als unsere Beziehung zu Seinen Gesetzen - dann *„sind auch wir schuldig, einander zu lieben"* (1. Johannes 4,11).

Es gehört zum Standard des himmlischen Regierens, dass wir unser Verhältnis zu Gott, zur Liebe und untereinander kultivieren und bewahren. Und solange wir das nicht schaffen, werden wir den Himmel in unserer Gesellschaft nicht widerspiegeln, sondern stattdessen die Regeln verschärfen und als zornige Richter Berühmtheit erlangen, die sich schnell empören und häufig das Urteil sprechen.

In der Kirche tendiert man dazu, alle über einen Kamm zu scheren. Auch wenn wir behaupten, dass wir an Buße und Wiederherstellung glauben, ist unsere Vorstellung davon erdgebunden und begrenzt. In dem Moment, da es durch die Weisheit Gottes gelingt, einen verirrten Gläubigen in das Licht des Angesichts seines himmlischen Vaters zurückzuführen, verändert sich dessen Leben. In jenem immer leuchtenden Licht wandelt er von Herrlichkeit zu Herrlichkeit. Ich meine damit nicht, dass wir Karten mit der Aufschrift „Du-kommst-aus-dem-Gefängnis-frei" in die Menge werfen sollen. Aber anstatt diese Menschen zu bestrafen und immer tiefer in ein sündiges Leben zu treiben, können wir sie dazu aufrufen, ihre höhere Identität und Verantwortung als Kinder des Lichts wahrzunehmen.

Zum Nachdenken

1. „Buße" - was löst dieses Wort in Ihnen aus? Verkrampft sich Ihre Seele dabei? Brechen Sie in Tränen aus? Lässt es Sie kalt? Verbinden Sie damit bestimmte (gute oder schlechte) Erfahrungen? Denken Sie, dass Sie verstanden haben, was wahre Buße ist? Und was echte Wiederherstellung?

   ....

   ....

   ....

2. Untersuchen Sie in der Bibel den Begriff „Buße". Halten Sie besonders nach den Versen Ausschau, die Ihr Verständnis bezüglich der Gabe der Buße, des Überwechselns von der Dunkelheit zum Licht und der echten Wiederherstellung erweitern (dazu gehören Römer 2,4; 2.Korinther 7,9-10; 2.Timotheus 2,25; Hebräer 6,1; 2.Petrus 3,9).

   ....

   ....

   ....

Meditation

Ihr Leben als Sohn oder Tochter des Königs, Ihr Leben im Geist, soll zur globalen Enthüllung der Herrlichkeit Gottes auf Seiner Familie beitragen. Die ganze Schöpfung wartet darauf:

> *Denn die Schöpfung ist der Nichtigkeit unterworfen worden – nicht freiwillig, sondern durch den, der sie unterworfen hat – auf Hoffnung hin, daß auch selbst die Schöpfung von der Knechtschaft der Vergänglichkeit frei gemacht werden wird zur Freiheit der Herrlichkeit der Kinder Gottes. (Römer 8,20-21)*

Die Offenbarung der Herrlichkeit Gottes in uns ist unmittelbar verknüpft mit der Rückführung der gesamten Schöpfung zu ihrer ursprünglichen Bestimmung. Das ist die himmlische Hoffnung. Das sind die Maßstäbe. Daher ist es keine Lappalie, wenn wir den Fluss des Auferstehungslebens unterhöhlen, indem wir das Werk des Kreuzes praktisch negieren und an unserer alten Identität festhalten. Es muss unser Anliegen sein, dass wir uns gegenseitig helfen, aus der Finsternis hinaus und in Sein Licht zu treten.

Kapitel 19

DIE PERSÖNLICHE BESTIMMUNG
KRIS VALLOTTON

Was viele von uns an der Diskrepanz zwischen der Bibel und der eigenen Wirklichkeit so sehr beunruhigt ist weniger die Tatsache, dass die Kirche bezüglich Heilung, Befreiung und Vergebung meist eine geringere Erfolgsrate aufweist als Jesus, der dies ausnahmslos jedem zuteil werden ließ, der Ihn darum bat. Was uns so sehr stört – und auch stören sollte – ist das Versprechen Jesu:

> *Wahrlich, wahrlich, ich sage euch: Wer an mich glaubt, der wird auch die Werke tun, die* **ich tue**, *und wird* **größere** *als diese tun, weil ich zum Vater gehe. (Johannes 14,12; Hervorhebung durch den Autor)*

Wie der Kontext zeigt, bezog sich Jesus in Seinem Versprechen ausschließlich auf die Wunder, die Er während Seines irdischen Daseins vollbrachte. Desgleichen sagte Er:

> *Diese Zeichen aber werden denen folgen, die glauben: In meinem Namen werden sie Dämonen austreiben; sie werden in neuen Sprachen reden, werden Schlangen aufheben und wenn sie etwas Tödliches trinken, wird es ihnen nicht schaden; Schwachen werden sie die Hände auflegen, und sie werden sich wohl befinden. (Markus 16, 17-18)*

Sie werden bemerkt haben, dass Jesus in beiden Aussagen diejenigen als „Gläubige" identifiziert, die solche Werke und Zeichen tun. Wir hingegen verwenden den Begriff eher für Leute, die zur Kirche gehen, in der Bibel lesen und beten. Doch das Leben des Gläubigen zeichnet sich durch mehr aus, nämlich durch die übernatürlichen Werke, die Jesus tat. Ohne das Übernatürliche macht unsere Bestimmung, die in der Erfüllung der göttlichen Aufträge liegt, keinen Sinn.

Schließlich beginnt ja schon das Leben eines Gläubigen mit einem Wunder. Bei unserer Bekehrung erweckt uns der Geist der Auferstehung zu neuem Leben, und wir erfahren die höhere Realität des Reiches Gottes, indem wir durch ihre Kraft alte Gewohnheiten ablegen, Heilung von Wunden aus der Vergangenheit empfangen und mit Friede und Freude erfüllt werden. Für jemanden, der von den Toten auferweckt und mit dem Geist Gottes erfüllt wurde, ist es nur natürlich, das Königreich des Vaters zu demonstrieren. Das gesamte Leben eines Christen besteht aus Wundern.

Jesus erklärte: *„Wie der Vater mich ausgesandt hat, sende ich auch euch"* (Johannes 20,21). Gleichwie Christus den Vater repräsentierte, repräsentieren wir Christus. Folglich ist es unsere Bestimmung, die Lücke zwischen der Realität des Himmelreichs und der sichtbaren Welt um uns herum zu schließen. Alles, was Jesus vom Vater bekam, steht auch uns zur Verfügung. Gott hat uns dazu auserkoren, auf allen Gebieten erfolgreich zu sein.

Doch um in die Bestimmung zum Übernatürlichen hineinwachsen zu können, gilt es vier Dinge zu beherzigen. Als erstes müssen wir davon überzeugt sein, dass dies tatsächlich unsere Bestimmung ist. Andernfalls werden wir die Aussage, dass diejenigen, die an Christus glauben, größere Werke tun werden – wie auch die Aussage, dass diejenigen, die Ihn lieben, Seine Gebote befolgen – als unerreichbares Prinzip empfinden, welches lediglich aufdecken soll, wie wenig wir Christus ähneln. Zweitens müssen wir darauf achten, dass wir keinen negativen Fokus entwickeln, mit dem wir nur sehen, wo wir nicht sind, wer wir nicht sind und was in unserem Leben nicht passiert. Drittens müssen wir unser Herz vor Enttäuschung und Unglaube bewahren, falls im Ringen um einen Durchbruch nicht das herauskommt, was wir uns vorgestellt haben. Und schließlich müssen wir unser Herz und unsere Gedanken mit den Verheißungen Gottes füttern und mit frischer Einsatzbereitschaft im Alltag voller Glauben und im Gehorsam vorwärtsgehen. Gegen einen falschen Fokus, gegen Enttäuschungen sowie einen schwachen Glauben, der deshalb kraftlos ist, weil er sich nicht von den Verheißungen Gottes nährt, hilft nur eines: Buße. Sie zerstört das schädliche Verhaltensmuster und liefert die Gnade für eine neue Fahndung nach der eigenen Bestimmung.

Viele im Leib Jesu stecken in derselben Situation wie einst Saul. Wir wurden zu Königen und Priestern gesalbt, haben den Auftrag, alle Nationen zu Jüngern zu machen, und sind mit Gottes ureigener Weisheit, Kraft und Autorität ausgestattet. Doch kaum ergeht der Ruf an uns, für das Reich Gottes auf die Menschen einzuwirken und sie zu leiten, laufen wir plötzlich irgend ein paar dummen Ochsen hinterher, kehren zu unseren alten Gewohnheiten zurück und konzentrieren uns aufs schiere Überleben.

Da das Übernatürliche unsere Bestimmung ist, darf es uns nicht wundern, wenn Gott uns zu unerhörten, riskanten und beispiellosen Aktionen aufruft. Was Saul wohl empfand, als er sich unverhofft in der einflussreichen Position eines Königs wiederfand, einer Position, die zuvor nicht existierte? Was Abraham wohl empfand, als er sein Elternhaus verließ, um solange in der Wüste umherzuwandern, bis Gott ihn in das Land seiner Bestimmung brachte? Und was Maria wohl empfand, als sie gebeten wurde, ein uneheliches Kind in die Welt zu setzen, und das in einer Gesellschaft, die sie sofort bezichtigen würde, ihre Sittenlosigkeit mit einer blasphemischen Lüge verschleiern zu wollen? Von dieser Seite aus betrachtet merken wir natürlich, wie wichtig Gehorsam und Glaube sind. Aber sobald wir selbst vor der Aufgabe stehen, die Gott für uns hat, vergessen wir diese Wahrheit oft.

Jeder göttliche Auftrag ist mit dem göttlichen Willen verknüpft, den Jesus im Vaterunser folgendermaßen ausdrückt: „...*dein Reich komme; dein Wille geschehe, wie im Himmel so auch auf Erden*" (Matthäus 6,10). Ob es sich nun um die Führung eines Landes oder die Geburt eines Kindes handelt, stets geht es darum, die Realität des Reiches Gottes genauso auf die Erde zu bringen, wie sie im Himmel herrscht, indem das Reich der Finsternis verdrängt wird und Wiederherstellung stattfindet.

Unsere Treue gegenüber unseren gottgegebenen Aufgaben wird sich daran zeigen, wie wir mit Gott zusammenarbeiten, um die Auswirkungen der Sünde und des Todes im Leben der Menschen aufzuheben und das Wissen um den einen wahren Gott wiederherzustellen. Ob wir also die übernatürlichen Zeichen Gottes wiederherstellen. Ob wir die körperliche, seelische und geistliche Gesundheit der Menschen wiederherstellen. Ob wir Familien und Beziehungen wiederherstellen, sowie Wohlstand, Moral, Heiligkeit und vieles mehr.

Zum Nachdenken

1. Worauf konzentrieren Sie sich in Ihrem Leben mit Gott besonders – auf das, was Sie sind oder was Sie nicht sind? Auf das, was Gott gerade tut, oder was Er nicht tut? Welche Art von Unglaube stellt dies dar? Überlegen Sie, wie Sie durch Buße wieder zu der Gewissheit kommen, dass Sie sich auf Ihre Bestimmung in Gott zubewegen.

   ....

   ....

   ....

2. Sind Sie von Gott zu etwas berufen, was aus weltlicher Sicht völlig irrational ist? Oder träumen Sie von etwas, was noch kein anderer vor Ihnen gemacht hat? Auf welche Weise gehen Sie diesem Ruf bzw. Traum nach? Was hindert Sie eventuell daran?

   ....

   ....

   ....

Meditation

Waren Sie früher leidenschaftlicher, wenn es um die Manifestationen des Reiches Gottes ging? Wenn ja, würden Sie sagen, dass dies an einer Verwässerung der Lehre über die Verheißungen Gottes liegt, oder halten Sie vielleicht an den Enttäuschungen unerfüllter Erwartungen fest

Sie können den Spieß auch einfach umdrehen. Bekennen Sie Ihre falschen Haltungen, und freuen Sie sich an der Freiheit, Ihrer hohen Berufung in Christus wieder neu folgen zu können.

Meine Brüder, ich schätze mich selbst noch nicht so ein, dass ich's ergriffen habe. Eins aber sage ich: Ich vergesse, was dahinten ist, und strecke mich aus nach dem, was da vorne ist, und jage nach dem vorgesteckten Ziel, dem Siegespreis der himmlischen Berufung Gottes in Christus Jesus. (Phil 3,13-14).

Kapitel 20

WENN GOTT ÜBER DIE LINIEN HINAUSMALT

BILL JOHNSON

Das Reich der Himmel ist über unsere Welt hereingebrochen, mit regelmäßigen Errettungen, Heilungen und Befreiungen. Die ziemlich faszinierenden Manifestationen dieser Invasion variieren und sind zu zahlreich, um sie aufzulisten. Auch wenn manche davon im ersten Moment schwer zu verstehen sind, dürfen wir ihnen mutig begegnen, weil wir wissen, dass Gott stets auf erlösende Weise wirkt.

In den letzten Jahren waren die Versammlungsräume mehrfach von einem Lachen erfüllt, das zerbrochenen Herzen Heilung brachte. Goldstaub bedeckte bisweilen die Gesichter, Hände und Kleidung der Menschen, während sie Gott priesen oder füreinander beteten. Zuweilen sah man auch Öl an den Händen der Gläubigen, besonders bei den Kindern, und einmal wehte sogar ein Wind durch einen Raum, ohne dass offene Fenster, Türen oder Ventilatoren die Ursache dafür gewesen wären. Mancherorts konnten Gläubige beobachten, wie die Wolke Seiner Gegenwart über den Köpfen der anbetenden Menschen hing. An anderer Stelle war der Raum vom Wohlgeruch des Himmels erfüllt. Ich selbst habe schon erlebt, wie der Wohlgeruch des Himmels unser Auto erfüllte, als Beni und ich während der Fahrt Lobpreis machten. Er hielt ungefähr eine halbe Stunde an und es war ein Duft, der sich auf meiner Zunge wie Zucker anfühlte. Ich habe auch die kleinen Juwelen gesehen, die plötzlich in den Händen der Menschen lagen, als sie Gott anbeteten.

Seit Anfang 1998 schweben Federn durch unseren Gottesdienstraum. Zuerst dachte ich, sie würden von Vögeln stammen, die durch die Lüftungsanlage kommen. Doch dann traten sie auch in Räumen auf, die andere Lüftungsschächte haben. Mittlerweile stoßen wir überall auf sie – Zuhause, auf Flughäfen, in Restaurants, Büros und dergleichen. Ich erwähne dieses Phänomen vor allem deshalb, weil sich sogar Leute darüber empören, die diese geistliche Erneuerung ansonsten voll und ganz begrüßen. Hat man sich erst einmal eine feste Meinung darüber gebildet, was Gott tut und was nicht, kann man schnell zu der Ansicht gelangen, dass ein solches Phänomen die Toleranzgrenze überschreitet. Doch nichts könnte weiter von der Wahrheit entfernt sein. Wie die Generationen vor uns kommen wir mit unserem „neuen, revidierten Katalog von akzeptablen Manifestationen" der Regulierung von Gottes Wirken gefährlich nahe. Zu den Tränen, die durch ein bestimmtes Lied oder eine bewegende Predigt hervorgerufen werden, haben wir diesem Katalog nun auch das Fallen, Schütteln und Lachen hinzugefügt. Das Problem dabei ist – es handelt sich noch immer um eine Auflistung, die Gott mal wieder ignorieren wird. Und muss.

Wir müssen lernen, Sein Wirken über Seine Gegenwart zu erkennen. Die Auflistung offenbart lediglich unseren jetzigen Wissens- bzw. Erfahrungsstand. Ich will hier weder irgendwelchen Auswüchsen Vorschub leisten, noch allem Neuen hinterherjagen, aber ich wehre mich dagegen, das Wirken Gottes als peinlich zu empfinden. Der Katalog, der uns vor gewissen Irrtümern bewahren soll, bewahrt uns auch vor gewissen Erfolgen. Obwohl viele Christen an den Manifestationen der Kraft Gottes Anstoß nehmen, treten sie zahllos in Erscheinung und weisen auf die Gegenwart und Ziele Gottes hin. Warum brauchen wir sie? Weil wir mit unserem aktuellen Bibelverständnis allein nicht weiterkommen. Wir müssen den Zeichen und Wundern folgen, um vorwärtsgehen zu können.

Wir dürfen aber nicht vergessen, dass Zeichen Realitäten sind, die auf eine größere Realität hindeuten. Wer sind wir, dass wir die Zeichen Gottes als unwichtig abstempeln? Manche Leute befürchten eine „Anbetung der Zeichen". Auch wenn ihre Befürchtung sehr nobel erscheint, ist es dennoch töricht zu glauben, dass man die Aufträge Gottes erfüllen und gleichzeitig Seine gelegentlichen Anmerkungen am Rande des Weges ignorieren könnte. So wie Straßenschilder ein natürlicher und praktischer Bestandteil unseres alltäglichen Lebens sind und uns den Weg zu einer Stadt, einem Restaurant oder einem Geschäft weisen, sind Zeichen und Wunder ein natürlicher Bestandteil des Reiches Gottes, die dazu bestimmt sind, uns von dem Platz, an dem wir gerade stehen, an den Platz zu bringen, wo wir tatsächlich stehen sollten. Wären die drei Weisen nicht dem Stern gefolgt, hätten sie Jesus niemals zu Gesicht bekommen. Es macht einen großen Unterschied, ob man die Zeichen anbetet oder ihnen folgt. Ersteres ist verboten, letzteres unabdingbar. Gottes Zeichen führen uns zu größerer geistlicher Tiefe. Sowie wir ihnen folgen, werden sie uns ebenfalls in größerem Maße folgen. In meinem Inneren hat sich etwas Entscheidendes vollzogen und seitdem akzeptiere ich kein Evangelium mehr, welches nicht von Zeichen und Wundern begleitet wird. Nicht ich habe die Wunder auf

der Erde gesucht. Sie haben mich gesucht und gefunden.
Ich habe festgestellt, dass ein Leben ohne die Ausdrucksformen des Glaubens keine dauerhafte Zufriedenheit schenkt,
und die Art, wie Gott „über die Linien hinausmalt", sorgt
dafür, dass mein Glaube sich stets auf einer heißen Jagd nach
Ihm befindet.

Wenn ich über das Evangelium der Kraft Gottes lehre,
kommt es manchmal vor, dass ein Zuhörer meine Botschaft
bestätigt, um im selben Atemzug jeden daran zu erinnern,
wie wichtig es aber auch sei, den Gott der Kraft zu kennen.
Wie wahr, in der Tat. Doch leider sind solche Kommen-
tare ihrem Wesen nach oft religiös und nur dazu gedacht,
die aktuelle Kraft Gottes niederzuhalten, damit ja nicht das
saubere Weltbild des Sprechers durcheinander gerät. Wem
die Passion für die Kraft und Herrlichkeit Gottes fehlt, fühlt
sich von jedem eingeschüchtert, der sie besitzt.

Ich weiß, dass mein Hunger nach Seiner Kraft nur noch
von meiner Sehnsucht nach Ihm übertroffen wird. Meine
Leidenschaft für ein authentisches, von Zeichen und Wundern begleitetes Evangelium rührt mit Sicherheit daher, dass
ich Ihm so intensiv nachgejagt bin.

Obwohl ich seit Jahrzehnten Pastor bin, erlebte ich
lange Zeit keine Zeichen und Wunder. Ich glaubte zwar
an Heilung und Befreiung, aber ich hatte nur wenig Erfolg
damit. Meine Theorie stimmte, meine Praxis nicht. Bis Gott
uns vor einigen Jahren auf eine Reise mitnahm, auf der wir
mit neuen Reich-Gottes-Augen erkennen durften, wie das
normale Leben eines Christen aussehen muss. Da wir die
wichtigste Handlung im Reich Gottes so lange vernachläs-
sigt hatten, wurden wir richtig begierig darauf, in alles ein-
zutauchen, was Er tun wollte.

Ich habe verstanden, dass das normale christliche Leben
eine Mischung aus Wundern, Offenbarungen und geistli-

chen Interventionen darstellt. Die Lust auf das Unmögliche ist jedem Gläubigen in die geistliche DNA geschrieben und kann weder ignoriert noch weggewünscht werden.

Zum Nachdenken

1. Gehören Zeichen und Wunder zu Ihrem unmittelbaren Erfahrungsschatz? Inwiefern haben sie Ihnen als Wegweiser zum Reich Gottes gedient?

....

....

....

2. Haben Sie schon einmal erlebt, dass Sie oder Freunde von Ihnen etwas als anstößig empfanden, was vielleicht ein Zeichen oder Wunder war? Können Sie sich vorstellen, was Sie (bzw. die anderen) daran gestört hat? Wird Ihr Entwicklungsprozess durch Ihre Haltung gegenüber Zeichen und Wundern eher behindert oder gefördert? Was denken Sie?

....

....

....

Meditation

Zeichen und Wunder gehen Hand in Hand mit der Botschaft des Evangeliums. Paulus spricht von den vielen erstaunlichen Dingen, die Gott durch ihn gewirkt hat *„zum Gehorsam der Nationen durch Wort und Werk, in der Kraft der Zeichen und Wunder, in der Kraft des Geistes, so daß ich … das Evangelium des Christus völlig verkündigt habe."* (Römer 15, 18-19). Der Verfasser des Hebräerbriefs stellt fest:

Wieviel weniger werden wir der Strafe entkommen, wenn wir Gottes unvergleichliches Rettungsangebot ausschlagen! Jesus Christus selbst hat es zuerst bekanntgemacht, und es wurde uns von Zeugen bestätigt, die unseren Herrn mit eigenen Ohren gehört haben. Gott selbst hat diese Botschaft beglaubigt durch erstaunliche Zeichen und Wunder, durch seine machtvollen Taten und die Gaben des Heiligen Geistes, die er nach seinem Willen austeilt. (Hebräer 2, 3-4).

In der Apostelgeschichte sind einige dieser Zeichen und Wunder aufgeführt. Setzen Sie Ihre Geist-inspirierte Phantasie ein und versetzen Sie diese phänomenalen Geschehnisse in unsere heutige Welt. Transferieren Sie nun umgekehrt die Zeichen und Wunder, die in diesem Kapitel beschrieben sind, in die Apostelgeschichte. Dehnen Sie Ihre Erwartungen aus!

Kapitel 21

HUNDERTPROZENTIGER ERFOLG
KEVIN DEDMON

Es gab eine Zeit, da hatte ich im Bereich der Heilung eine Erfolgsrate von hundert Prozent. Ich brauchte nur für einen Menschen zu beten, schon wurde er geheilt. Der Haken daran war: ich tat es nicht, also wurde auch niemand geheilt. In den ersten drei Jahren meines Christseins betete ich für viele Menschen und bei mehreren von ihnen mit Erfolg. Eines Tages sollte ich für eine krebskranke Frau beten. Voller Glauben und in der völligen Erwartung, dass es mit ihr besser werden würde, ging ich zu ihr. Noch am selben Abend erfuhr ich aber, dass sie kurz nach meinem Besuch verstorben war. Ich war am Boden zerstört. Die plötzliche Vorstellung, ich hätte sie umgebracht, weil ich die Gabe der Heilung nicht wirklich besaß und es versäumt hatte, eine entsprechende Person mitzubringen, überwältigte mich.

Die folgenden 23 Jahre vermied ich jedes Gebet für Kranke. Ich glaubte zwar an Heilung und dass das Reich Gottes in das Irdische hereinbricht, aber nicht, dass die Gnade der Heilung zu meinen Aufgaben gehörte, weil mir ja die Gabe fehlte. Sobald es also um Kranke ging, rief ich, der Pastor, stets die „Begabten" aus unserer Gemeinde herbei. „Sie wollen mit Sicherheit nicht, dass ich für Sie bete", witzelte ich oft. „Ich könnte Sie umbringen!"

Ich war der aufrichtigen Meinung, den Menschen sei eher gedient, wenn ich nicht für sie betete. Aber dann stellte mir der Herr eines Tages eine Frage, die mich aufhorchen ließ: „Kevin, glaubst du im Ernst, dass du Macht darüber hast, dass jemand stirbt?"

„Nein, Herr, selbstverständlich nicht", erwiderte ich.

„Und ebenso hast du auch nicht die Macht, dass jemand geheilt wird", entgegnete Er.

Ich verstand. Unsere Aufgabe ist es, das Reich Gottes auf die Erde zu bringen, was bedeutet, dass wir Seinen Namen mit unserem Leben repräsentieren. Wir nennen uns Christen, weil wir Seinen Namen angenommen haben, und als Kinder Gottes (siehe 1.Johannes, 3,1) sollte man uns mit Seinem Namen in Zusammenhang bringen. Die Macht, die wir haben, um jeder Not begegnen zu können, hängt an dem Namen, den wir tragen.

Ich trage aber nicht nur Seinen Namen, sondern Christus lebt in mir, auf dass Er durch mich leben kann. In Kolosser 1,27 schreibt Paulus, es ist *„Christus in euch, die Hoffnung der Herrlichkeit."* Also habe ich, was ich brauche, um die Herrlichkeit Gottes durch mein Leben zu offenbaren. In Lukas 17, 21 sagt Jesus: *„ ... das Reich Gottes ist mitten unter euch."* Gott sucht einfach nur Leute, die das herauslassen, was in ihnen ist.

Ich kann niemanden retten, aber Christus in mir kann es. Ich kann niemanden erlösen, aber Christus in mir kann es. Desgleichen kann ich niemanden heilen, aber Christus in mir kann es. Indem ich den Jesus verbreite, der in mir ist, verbreite ich das Reich Gottes. Einerseits wohnt Christus in Seiner ganzen Fülle in mir, und andererseits muss Er noch mehr Gestalt in mir annehmen (siehe Galater 4, 19). Und je mehr dies geschieht, desto mehr kann ich geben. Somit besteht der Heilungsdienst schlicht in der Freisetzung der Gegenwart Christi, die in uns wohnt.

Im Januar 2001 erlebte ich meinen Durchbruch zu dieser Erkenntnis. Damals hatten wir bei uns zu Hause einen jungen Mann zu Gast, der sich drei Monate zuvor am Arbeitsplatz einen Bandscheibenriss im Lendenwirbelbereich zugezogen hatte und sich nicht mehr bewegen konnte. Er war zwar operiert worden, aber ohne Erfolg, und nun lag er im Bett und hatte ständig Schmerzen. Ich fühlte mich schrecklich, als ich mitansehen musste, wie er litt, ohne dass ich ihm helfen konnte.

Als wir eines Abends den Hauskreis vorbereiteten, der bei uns stattfinden sollte, bat er darum, auf dem Sofa liegend teilnehmen zu dürfen, um Ablenkung von seinen Schmerzen zu finden. Aber er quälte sich nur den ganzen Abend lang und rückte irgendwann ins Zentrum der Aufmerksamkeit. Schließlich bat er mich eindringlich, dafür zu beten, dass Gott ihn heilte.

Widerwillig kam ich seiner verzweifelten Bitte nach. Ich sagte mir, dass sein Zustand nicht schlimmer werden konnte, und da zufällig keiner unter den Anwesenden die Gabe der Heilung besaß, stellte ich noch die beste Option dar. Ich bat die Männer, die ihn zu Beginn unseres Treffens zum Sofa getragen hatten, ihn auf die Beine zu stellen, und trat zu ihm. Zögernd legte ich ihm die Hand auf den Rücken und wollte gerade zu einem „tröstlichen" Gebet ansetzen, das ihm Kraft spenden sollte, als er auch schon rief: „Spürst du da, wo deine Hand liegt, auch das Feuer auf meinem Rücken?" Und ob ich das tat. Verblüfft stellte ich fest, dass sich meine Hand ebenso wie Feuer anfühlte, bevor ich überhaupt zu beten angefangen hatte.

Einige Augenblicke später beugte er sich vor, sprang in die Höhe und rief: „Es ist unglaublich! Alle Schmerzen sind fort! Ich bin geheilt! Es ist unglaublich", wiederholte er, „einfach unglaublich!" Dann begann er zu weinen, während er unablässig im Wohnzimmer umherhüpfte und seine restlose Heilung demonstrierte. Nach einer Weile sank er auf das Sofa und blickte mich unter Freudentränen an, bevor er plötzlich noch einmal hochschnellte und einen Karatesprung vollführte.

Ich war schockiert, zum einen, weil er geheilt wurde, als meine Hand auf seinem Rücken lag, und zum anderen, weil sie immer noch brannte, obwohl sie seinen Rücken längst nicht mehr berührte. In dem Wissen, dass Gott hier gerade „Sein Ding abzog", fragte ich die übrigen Teilnehmer, ob sonst noch jemand Heilung brauchte. Sofort meldeten sich zwei weitere Personen, und als ich ihnen die Hand auflegte, wurden sie auf der Stelle gesund.

Im Verlauf dieses Prozesses begann ich zu verstehen, dass Heilung nicht zwangsläufig an eine Begabung gebunden ist, sondern die Freigabe der manifesten Gegenwart Gottes bedeutet – Christus in mir, die Hoffnung der Herrlichkeit – Seine durch den Glauben freigesetzte herrliche Gegenwart.

Zum Nachdenken

1. Halten Sie sich beim Gebet für Kranke ebenso zurück, wie Kevin es tat? Finden Sie, dass Heilung die Sache von *anderen* Christen ist? Wie hat die Lektüre dieses Kapitels Ihr Denken und Ihren Glauben korrigiert?

   ....

   ....

   ....

2. Vielleicht haben Sie aber auch niemals gezögert, sondern mit wachsender Zuversicht begierig für Kranke gebetet. Wie haben Sie gelernt, eine effektive Plattform für die heilende Kraft Jesu zu sein?

   ....

   ....

   ....

3. Wenn jemand zu Ihnen sagen würde: „Du besitzt alle Voraussetzungen, um für Heilung beten zu können", wie würden Sie das verstehen?

   ....

   ....

   ....

Meditation

Wie im christlichen Leben allgemein geht es auch bei der körperlichen Heilung eher um die Freisetzung der kraft- und liebevollen Gegenwart Jesu als um die richtige Technik.

Bitten Sie Ihn, dass Er Ihnen mehr Glauben und mehr von Seiner Gegenwart schenkt, damit Sie Ihm überallhin folgen können, auch in Situationen hinein, in denen ärgste Not herrscht.

Bitten Sie Gott, dass Er Ihnen hilft, in der Wahrheit Ihrer Sohn- bzw. Tochterschaft zu leben. Denn nur aus dieser innigen Beziehung heraus werden Sie verstehen, wie sehr es Ihm gefällt, Ihnen das Reich zu geben (siehe Lukas, 12, 32).

Kapitel 22

BEGEGNUNGEN MIT GOTT
BILL JOHNSON

Seit mehr als zwanzig Jahren werde ich von der Überzeugung getrieben, dass *ich den Menschen eine Begegnung mit Gott schulde*. Ich schulde ihnen mehr als nur eine Botschaft voller Wahrheiten. Alles, was ich für die Menschen tue, muss die Möglichkeit einer göttlichen Begegnung beinhalten. Wenn ich voll Heiligen Geistes bin, steigt die Wahrscheinlichkeit, dass die Menschen durch meine Predigten, Gottesdienste und die verschiedenen Formen meines Dienstes diese Möglichkeit bekommen.

Paulus meint in etwa dasselbe, wenn er schreibt: *„... und meine Rede und meine Predigt (bestand) nicht in überredenden Worten der Weisheit, sondern in Erweisung des Geistes und der Kraft"* (1.Korinther 2,4). Die Leute brauchen es nicht, dass wir sie von unseren Erkenntnissen, unseren Gaben und unserer Fähigkeit, die Wahrheit zu vermitteln, überzeugen. Solche Dinge sind bestenfalls zweitrangig. Was die Leute brauchen, ist Gott.

Eine Begegnung mit Seiner Kraft ist eine Begegnung mit Ihm selbst. Aus dieser Überzeugung heraus wollte Paulus, dass die Menschen ihren Glauben auf die Kraft Gottes setzten: *„...damit euer Glaube nicht auf Menschenweisheit, sondern auf Gottes Kraft beruhe"* (1.Korinther 2,5).

Gott ist ein Gott des Bundes. Er ist selbstbewusst und souverän genug, um sich an die Vereinbarungen zu binden, die Er mit Seinen Kindern trifft. Da mir der Begriff „Vertrag" an dieser Stelle viel zu steril klingt, spreche ich lieber von einer umgrenzten Beziehung. Indem wir gehorchen, werden wir Jesus immer ähnlicher und irgendwann feststellen, dass der Gehorsam Seine Gegenwart, Seine Kraft und Seine Herrlichkeit freisetzt. Auch wenn ich es selbst nicht ganz verstehe, bin ich dennoch der Meinung, dass Gott ein entschiedenes Interesse an unseren Ansichten und Beiträgen hat. Sein Versprechen lautet: „*Wenn ihr in mir bleibt und meine Worte in euch bleiben, so werdet ihr bitten, was ihr wollt, und es wird euch geschehen*" (Johannes 15,7). Die Vorstellung, dass Gott uns erst in Roboter verwandeln möchte, bevor wir Ihn um alles bitten können, ist einfach töricht. Ich glaube vielmehr, dass Er allen *vertraut*, die Seinem Sohn immer ähnlicher werden. So gesehen dürfte es nichts Normaleres für uns geben als die sehnsüchtige Suche nach Möglichkeiten, wie die Kraft Gottes im Leben der zerbrochenen Menschen um uns herum sichtbar werden kann.

Ohne Kraft können wir Gott nicht würdig, geschweige denn exakt repräsentieren. Wenn die Menschen Gott deutlich erkennen sollen, sind Wunder unerlässlich. Über diese Wunder Zeugnis abzulegen, ist ein Teil unserer Schuld an die Welt. Sobald wir reden, kommt Gott und bestätigt, was wir sagen. Er hat beschlossen, sich durch Menschen zu offenbaren, die sich Ihm völlig ausliefern. Sein Erscheinen ist häufig spektakulär und dramatisch, wie die Geschichte zeigt. Seine Manifestationen durch Sein Volk dagegen sind in vielen Fällen praktischer Natur und gewöhnlich, auch wenn sie von Zeit zu Zeit ähnlich atemberaubend sein mögen.

Ich lerne oftmals, indem ich zufällig über eine Wahrheit stolpere. In der Regel setzt bei mir das Begreifen ein, nachdem ich die Frucht einer Sache gesehen habe. Um zu gehorchen, muss man nicht notwendigerweise verstehen. Man lernt auch, indem man einfach mit Gott geht und Ihm gehorcht – in allem.

Es spricht nichts dagegen, die Prinzipien Gottes durch Gehorsam zur Entfaltung zu bringen, ohne sie verstanden zu haben. Doch wenn ich sie nicht verstehe, sind meine Möglichkeiten in der bewussten Freisetzung Seiner Gegenwart begrenzt, und ich bin außerstande, andere darin zu schulen.

Die Freisetzung der Gegenwart Gottes, die in das Reich Gottes mündet, erfolgt meines Wissens nach durch fünf Aktionen:

Die Handauflegung. Dies ist ein biblischer Auftrag (siehe Hebräer 6,1-2). Sie stellt eine bewusste Handlung zur Heilung, Segnung oder Übermittlung von Gnadengaben dar. Durch die Berührung im Glauben wird das Reich Gottes, welches in uns ist, freigesetzt (siehe Markus 16,18; 1.Timotheus 4,14).

Die Nähe zur Salbung. Dieses Prinzip kam beim Apostel Petrus zum Tragen, als man die Kranken auf die Straße legte, damit sein Schatten auf sie fiel, sobald er vorüberging. (siehe Apostelgeschichte 5,15). Alles, was uns überschattet, wird durch unseren Schatten freigesetzt. Genauso schenkte auch das Gewand Jesu einer blutflüssigen Frau Heilung (siehe Markus 5,28-29). Dasselbe gilt für die Kleidungsstücke des Apostels Paulus (siehe Apostelgeschichte 19,11-12). Gottes Salbung auf Petrus, Jesus und Paulus war so stark, dass selbst ihre Schatten und Gewänder mit Seiner Wunder wirkenden Kraft durchtränkt waren.

Der Glaubensakt. Glaube will handeln. Glaubensakte setzen das Reich Gottes frei. Überlegen Sie mal, wie oft Jesus nur deswegen auf eine Not stieß, weil jemand im Glauben aktiv wurde und nach Ihm rief.

Der prophetische Akt. Der prophetische Akt scheint oftmals in keinerlei Verbindung zum gewünschten Ergebnis zu stehen. Betrachten wir nur einmal die Geschichte von Elisa und dem geliehenen Axtkopf, der im Wasser verloren ging (2. Könige 6). Nachdem Elisa ein Stück Holz ins Wasser geworfen hatte, trieb das Eisen an die Oberfläche. Eisen schwimmt von Natur aus nicht, auch nicht unter Einwirkung von Holz. Gottes Kraft wurde nur deshalb freigesetzt, weil Elisa den prophetischen Akt gehorsam ausführte. Physischer Gehorsam setzt Geistliches frei.

Die Proklamation. Ohne Proklamation passiert im Reich Gottes gar nichts. Wenn wir aussprechen, was der Vater sagt, kommt der gesamte Himmel mit ins Spiel. Erfolgt die Proklamation in Form eines Zeugnisses, dann fängt sie das Momentum von Gottes Handeln an der Menschheit ein, welches bisher in der Geschichte stattgefunden hat. Daraus entsteht eine schöpferische Kraft in der Atmosphäre, die die Offenbarung Gottes auf der Erde herstellt.

Die Proklamation muss sich zu einer bewussten Strategie der Armee der letzten Tage entwickeln. Es darf nicht sein, dass sie weiterhin so konzeptlos und sporadisch eingesetzt wird. In der brennenden Überzeugung, dass wir die Träger der Offenbarung von Gottes Wesen und Dasein sind, welche die Menschen erreichen soll, müssen wir im Interesse einer verendenden Welt die Finsternis durchdringen.

Der Vater hat uns alles als Erbe gegeben (siehe Johannes 16,15; 1.Korinther 3,21). Wir werden alles davon brauchen, um unsere Aufgabe zu erfüllen.

Zum Nachdenken

1. Welches Prinzip der Freisetzung der Kraft Gottes wird wirksam, wenn jemand einen Raum betritt, der von Gebet erfüllt ist, und auf der Stelle Heilung empfängt?

....

....

....

2. Welchen Beweis haben Sie, dass Sie überall die Gegenwart Gottes mit sich tragen? Ist das für Sie lediglich eine interessante Vorstellung? Auf welche Weise können Sie dort, wo Sie leben und arbeiten, die Atmosphäre des Himmels kultivieren?

....

....

....

Meditation

Ihre erste Glaubenshandlung muss sein, Gott im Gebet zu suchen. Achten Sie genau darauf, was Er zu Ihnen sagt. Lassen Sie sich von Seinem Geist Schritt für Schritt in Seinen Charakter umformen und seien Sie Ihm gehorsam. Alles, was Sie anschließend jeden Tag im Glauben tun, wird davon bestimmt sein, wie viel von Ihm in Ihrem Geist wohnt. Es liegt an Ihnen, aktiv zu bleiben und nicht in Passivität zu verfallen. Er möchte, dass Sie Ihren Glauben in der Beziehung zu Ihm leben und keine sklavische Haltung einnehmen.

Schauen Sie sich um und versuchen Sie abzuschätzen, inwieweit der Geist Gottes bereits Einfluss auf Ihre Umwelt nimmt. Fragen Sie Ihn, was Sie tun sollen, um den Einfluss zu verstärken.

Kapitel 23

MIT GOTT VERBUNDEN

BENI JOHNSON

Sobald ich mich mit Gott völlig verbunden fühle, habe ich augenblicklich Frieden. Alles macht plötzlich Sinn und richtet sich „auf die Mitte hin" aus. Es ist, als würden mein Geist, meine Seele und mein Körper aufatmen und „aahhh" sagen.

Da ich weiß, wie sich diese Verbindung anfühlt, weiß ich auch, wie sich ihr Verlust anfühlt. Ich habe gemerkt, dass ich außerhalb dieser Verbindung beginne, unsicher zu werden. Alles scheint aus den Fugen zu geraten, aber sobald ich mich erneut mit dem Herzen Gottes und Seiner Gegenwart verbinde, rücken die Dinge wieder an ihren richtigen Platz. Ob mein Kontakt zu Gott unterbrochen ist, erkenne ich auch daran, dass mein Geist, meine Gefühle und Entscheidungen von äußeren Einflüssen beeinträchtigt werden, weil ich nicht mit dem wahrhaft Realen verbunden bin (siehe 2. Korinther 4,18). Ich habe gelernt, dass ich die Realität der Gegenwart Gottes immer erleben kann, egal wo ich bin oder was ich tue. Er ist da, wenn ich im Auto sitze, einen Spaziergang mache oder mit meinen Enkeln spiele. Weil ich im Laufe der Jahre viel Zeit mit Gott verbracht und mich voll und ganz auf Seine Gegenwart konzentriert habe, weiß ich, dass ich jederzeit eine Verbindung zu Ihm bekomme.

Wer mit Gott verbunden ist, befindet sich an einem Ort der Ruhe. Diesen Ort sollen wir so oft wie möglich aufsuchen, tagein, tagaus. Das Wort „Ruhe" bedeutet sowohl im Hebräischen (*Schabbat*) als auch im Griechischen (*Katapausis*) „stillstehen, sein lassen, mit der Anstrengung aufhören, wegtun, rasten, verweilen, feiern". Im hebräischen Begriff erkennt man das Wort „Sabbat". Für eine echte Sabbatruhe muss man von seinen Mühen, Anstrengungen und Aktivitäten ablassen, ohne den geistlichen Dienst oder die Arbeit völlig einzustellen. Wahre Ruhe zeigt sich darin, dass man in allen Lebenslagen ein Herz der Ruhe bewahrt.

Manchmal kann uns ein gewisses Leistungsdenken dazu antreiben, Dinge für Gott zu tun, um die Er nie gebeten hat. Wir werden rastlos – haben also weniger Ruhe, bis wir am Ende völlig aus der Ruhe gebracht sind. Sobald sich ein überwiegendes Gefühl der Ruhelosigkeit und des Getriebenseins bemerkbar macht, müssen wir uns selbst stoppen und schleunigst zur Ruhe im Herrn zurückkehren. In ihr hat man mehr vom Leben und kann seine Geistesgaben effektiver einsetzen.

Diese Ruhe ist durchaus möglich, denn Gott verlangt ja nicht, dass wir die ganze Welt auf unsere Schultern laden. Das tut Er bereits für uns. Mein Mann ist, glaube ich, einer der emsigsten Zeitgenossen auf diesem Planeten. Es fällt ihm schwer, sich die nötige Ruhe zu nehmen. Doch in den Jahren unseres Zusammenseins ist mir aufgefallen, dass er eine innere Ruhe des Herrn besitzt, die ihre ganze Kraft in ihm entfaltet. Er weiß, wo seine Quelle ist, und schöpft oft daraus. Ohne diese innere Stärke könnte er ein solches Leben nicht führen. Gott ist sein Plan „A", seine Quelle für alles. Plan „B" gibt es beim Ihm nicht. Er kann uns nur dann Ruhe geben. wenn wir zu Ihm kommen. Jesus sagte:

Kommt her zu mir, alle ihr Mühseligen und Beladenen, und ich werde euch Ruhe geben. Nehmt auf euch mein Joch, und lernt von mir, denn ich bin sanftmütig und von Herzen demütig, und ihr werdet Ruhe finden für eure Seelen; denn mein Joch ist sanft, und meine Last ist leicht (Matthäus 11, 28-30).

In diesen Versen wird die Ruhe zweimal erwähnt. Zuerst sagt Jesus: *„Kommt her zu mir, ..., und ich werde euch Ruhe geben"* und dann verspricht Er: *„ihr werdet Ruhe finden für eure Seelen"*. Indem wir unaufhörlich zu Ihm kommen und Sein Joch auf uns nehmen, werden wir von Ihm lernen und Sein Verhalten immer mehr annehmen. Wir werden in Seiner Gegenwart bleiben und Ruhe für unsere Seelen finden. Jesu Ruhe stellt sich nicht automatisch ein. Sie ist vielmehr ein Nebenprodukt, welches anfällt, sobald wir bewusst an Ihn herantreten. Dasselbe gilt für die Rückkehr in Seine Ruhe. Auch dieser Schritt muss bewusst vollzogen werden.

Ich erinnere mich noch gut daran, wie ich anfing, regelmäßig in die Ruhe Gottes einzugehen. Eines Tages befand ich mich auf einer stundenlangen Einkaufstour durch die Stadt, als mein Fahrzeug beschloss, seinen Geist aufzugeben. Ich geriet zunächst in Panik und wurde richtig sauer. „Wie konnte das passieren? Nun ist der ganze Tag im Eimer." Jeder weiß, wie das zuweilen abläuft. Ich fand ein Münztelefon (damals gab es noch keine Handys), um Hilfe zu rufen. Beim Wählen überlegte ich: *Warum benehme ich mich eigentlich so? Warum rege ich mich so auf?* Schließlich wurde mir klar, dass ich mich wegen einer Kleinigkeit aus der Ruhe hatte bringen lassen. Ich dachte mir: „Ich glaube, ich setze mich jetzt einfach hin und komme innerlich zur Ruhe. Dann werde ich eher in der Lage sein, zu erkennen, was Gott in dieser Situation tun kann." Also traf ich die simple Entscheidung, diesen feinen Schlamassel einfach Gott zu überlassen. Kaum hatte ich das getan, fügte sich auch schon eins zum anderen und alles wurde wieder gut. An jenem Tag wählte ich die Ruhe des Herrn.

Ich denke oft an diesen Tag zurück. Mit dieser scheinbar trivialen Geschichte zeigte mir Gott, dass ich jederzeit aus Seiner Ruhe schöpfen darf. Es liegt ganz an mir.

Gott ruft jeden von uns dazu auf, Seine Ruhe zu wählen und sie in allem, was wir tun, zu kultivieren. Er möchte, dass die Geschichten unseres Lebens Seine Gegenwart widerspiegeln – und damit auch Seine Ruhe.

Zum Nachdenken

1. Wie oft haben Sie in letzter Zeit Ihre Ruhe eingebüßt? Wissen Sie, was da passiert ist? Welche Maßnahmen haben Sie ergriffen?

....

....

....

2. Haben Sie schon einmal bewusst nach Ruhe gesucht? Wie sehr ist es Ihnen bereits zur Gewohnheit geworden?

....

....

....

3. Geben Sie ein Beispiel aus Ihrem Leben für das „Vorher" und „Nachher" - ohne Ruhe (rastlos, wetteifernd, getrieben) und mit Ruhe (friedvoll, klar denkend, ruhig). Was haben Sie aus der Ruhe heraus geschafft, das Sie ohne sie nicht erreicht hätten?

....

....

....

Meditation

Was halten Sie davon, auf der Stelle in die Ruhe des Herrn einzugehen? Sie können dazu die Worte und Gebete aus den Psalmen hinzuziehen:

Sei still dem HERRN und harre auf ihn!
Entrüste dich nicht ...
Laß ab vom Zorn und laß den Grimm!
Entrüste dich nicht! (Es führt) nur zum Bösen. ...
die auf den HERRN hoffen, die werden das Land besitzen....
Aber die Sanftmütigen werden das Land besitzen
und werden ihre Lust haben an Fülle von Heil.
(Psalm 37, 7-9, 11).

Nimm zu Ohren, o Gott, mein Gebet,
und verbirg dich nicht vor meinem Flehen!
Horche auf mich und antworte mir!
Ich irre umher in meiner Klage und muß stöhnen
vor der Stimme des Feindes... (Psalm 55, 1-4).

Kehre zurück, meine Seele, zu deiner Ruhe!
Denn der Herr hat dir Gutes erwiesen (Psalm 116, 7).

Treten Sie jetzt in Seine Gegenwart. Er befindet sich nur einen Schritt von Ihnen entfernt.

Kapitel 24

LICHT AN DEN UNDENKBARSTEN ORTEN

BANNING LIEBSCHER

Ich lese gerne vor dem Schlafengehen. Doch wenn ich die Treppe zu meinem Zimmer hinaufsteige und am Lichtschalter drehe, muss ich nicht erst warten, bis die Schlacht zwischen Licht und Finsternis ausgefochten ist. Der Vorgang ist nämlich völlig unkompliziert. Sobald das Licht den Raum erfüllt, verschwindet die Dunkelheit. Sie hat keine andere Wahl. Sie kann nicht dagegen protestieren. Sie kann mich nicht frech anstarren und sagen: „Mir gefällt dein Zimmer, ich bleibe." Sobald sich der Raum erhellt, müssen die Schatten fliehen.

Jeder Gläubige trägt das Licht der Offenbarung unseres Königs und Seines Reiches. Jesus sagte zu Seinen Jüngern: *„Solange ich in der Welt bin, bin ich das Licht der Welt."* (Johannes 9,5), und fügte angesichts Seines baldigen Abschieds hinzu:

> *Ihr seid das Licht der Welt; eine Stadt, die oben auf einem Berg liegt, kann nicht verborgen sein. Man zündet auch nicht eine Lampe an und setzt sie unter den Scheffel, sondern auf das Lampengestell, und sie leuchtet allen, die im Hause sind. So soll euer Licht leuchten vor den Menschen,*

damit sie eure guten Werke sehen und euren Vater, der in
den Himmeln ist, verherrlichen. (Matthäus 5, 14-16)

Licht macht Dinge sichtbar. Wenn Sie und ich das Licht
der Welt sein sollen, dann liegt es in unserer Verantwortung,
dass das Reich Gottes durch jeden Aspekt unseres Lebens
unverhüllt zum Ausdruck kommt. Die Bibel sagt klipp und
klar, dass das Reich Gottes in allen Gläubigen steckt. Nir-
gends steht geschrieben, dass es nur in christlichen Leitern
oder Leuten mit außergewöhnlicher Salbung wohnt (siehe
Lukas 17, 21). Sobald Ihre und meine Zweifel darüber ver-
schwinden, kann es ziemlich drastische Folgen haben.

Ein Freund von mir, Chad, befand sich einmal spät-
abends auf dem Heimweg, als er beschloss, sich in einem
Lebensmittelmarkt ein paar Donuts zu holen. Während er
auf das Donutregal zusteuerte, sah er an der Kasse eine Frau
stehen, die ein Hörgerät trug. Also tat er das, was schon
fast normal bei uns ist: Er blieb stehen und fragte, ob er für
sie beten dürfe. Sie erklärte ihm, dass sie an beiden Ohren
kaum noch etwas hörte, und nahm Chads Angebot dankbar an. Chad sprach ein einfaches Gebet und fragte anschließend, ob es ihr etwas ausmachen würde, das Gerät abzuneh-
men, um ihr Hörvermögen zu testen. Die Frau entfernte das
Gerät. Chad stellte sich schräg hinter sie, sodass sie ihn nicht
sehen konnte, und fragte leise: „Können Sie mich hören?"

Sie antwortete: „Ja, ich kann Sie hören."

Chad trat etwas zurück. „Mein Name ist Chad."

Sie wiederholte: „Ihr Name ist Chad."
Chad trat noch weiter zurück. „Ich esse am liebsten Pizza."

Sie erwiderte: „Sie essen am liebsten Pizza." Die Tränen liefen ihr bereits über das Gesicht, denn sie begriff, dass sie von nun an auf das Hörgerät verzichten konnte. Sie war geheilt.

Die Kassiererin, die alles mitangesehen hatte, brach nun ebenfalls in Tränen aus. Chad drehte sich zu ihr um und sagte: „Gott ist gerade hier und heilt Menschen. Ist es okay wenn ich die Sprechanlage benutze und den Leuten erzähle, was Gott gerade tut?"

Mit nassen Augen entgegnete sie: „Selbstverständlich."

Chad schnappte sich das Mikrophon und verkündete mutig: „Achtung, an alle Kunden. Gott hat diese Lady soeben von ihrer Schwerhörigkeit geheilt." Dann holte er die Frau ans Mikrophon und ließ sie ein Zeugnis ablegen. Als sie fertig war, nutzte er die Chance und begann Worte der Erkenntnisse auszusprechen, die durch den gesamten Supermarkt hallten: „Wenn Sie unter dem Karpaltunnelsyndrom leiden oder Hüftprobleme haben, dann kommen Sie bitte zu Kasse 10. Gott ist gerade hier und möchte Sie heilen."

Inzwischen waren die Leute in den Gängen stehen geblieben und spähten neugierig umher, um zu sehen, was da vor sich ging. An Kasse 10 hatte sich bereits eine kleine Gruppe gebildet. Während immer mehr Menschen hinzustießen, kam eine Frau auf einem elektrischen Einkaufswagen angerollt. Sie sah Chad an und sagte: „Das mit dem Hüftproblem bin ich. Ich habe große Schmerzen in der Hüfte und werde bald operiert." Chad fragte, ob er für sie beten und die Kraft Gottes über sie freisetzen dürfe. Nachdem er das getan hatte, bat er sie, einmal probeweise aufzustehen. „Auf keinen Fall", wehrte sie ab. „Das erzeugt nur unerträgliche Schmerzen." Aber Chad ließ nicht locker, und als sie widerwillig aufstand und ein paar Schritte tat, schrie sie auf. Mit einem breiten Lächeln im Gesicht wandte sie sich um und verkündete: „Die Schmerzen sind weg!"

Daraufhin bahnte sich ein Mann seinen Weg durch die Menge, beide Handgelenke vor dem Körper haltend. „Ich bin derjenige mit dem Karpaltunnelsyndrom. Ich leide seit zwei Jahren daran und die Schmerzen sind so stark geworden, dass ich meine Arbeit als Klavierlehrer und Konzertpianist aufgeben musste." Chad streckte seine Hände aus, legte sie auf die Handgelenke des Mannes und betete um Heilung. Der Mann fing an, seine Hände auszuschütteln, und rief laut: „Meine Hände brennen!" Gott heilte ihn auf der Stelle. Die Schmerzen verschwanden und die Handgelenke erlangten ihre frühere Beweglichkeit zurück.

Nun wandte sich Chad an die Menge, die Zeuge davon geworden war, wie Gott zwei Menschen berührt und geheilt hatte, und sprach von Jesus dem Arzt, der Seine Gegenwart und Kraft vor ihren Augen offenbarte. Nach einem kurzen Vortrag über das Reich Gottes fragte Chad in die Runde, ob sich jemand gerne zu Jesus bekehren wolle. Überall hoben die Menschen ihre Hände und gaben Jesus ihr Leben.

Zum Nachdenken

1. Was bedeutet es, das Licht der Welt zu sein? (Siehe Matthäus 5, 14-16). Kann man nur als Evangelist Licht der Welt sein? Nennen Sie einige Beispiele, wie das Licht Christi, welches durch die Gläubigen scheint, die Finsternis in der Welt vertreiben kann.

....

....

....

2. Auf welche Weise haben Sie das Licht Gottes schon durch andere Gläubige empfangen?

....

....

....

3. Können Sie sich vorstellen, wie das Licht Christi in den letzten 24 Stunden aus Ihnen heraus geleuchtet haben könnte?

....

....

....

Meditation

Damit die Welt das Licht Christi durch Sie scheinen sehen kann, müssen Sie an Ihn „angeschlossen" sein. Sein Licht kann nicht durch Sie leuchten, nur weil Sie an Gottesdiensten teilnehmen und an die richtige Lehre glauben. Um an die Lichtquelle angeschlossen zu sein, müssen Sie Ihre Aufmerksamkeit auf seinen Geist richten und in eine Beziehung des Empfangens und Gebens mit Ihm eintreten.

In vielerlei Hinsicht sind sein Licht und seine Liebe identisch. Je mehr von Seiner Liebe Sie absorbieren, desto mehr Licht werden Sie haben. Es quillt aus Ihnen heraus und die Menschen werden es bemerken.

Sie werden eine Lichtquelle, so wie Er ist.

Kapitel 25

WIE DER VATER, SO DER SOHN, SO DIE TOCHTER

BILL JOHNSON

Unser himmlischer Vater ist der Schöpfer aller Dinge und der Geber aller guten Gaben. Seine Kinder sollten nicht nur Sein Abbild sondern auch so kreativ sein wie Er. Die führende Rolle der Ungläubigen in Kunst und Erfindungen rührt nur daher, dass die Kirche eine falsche Spiritualität lebt. Sie besitzt keine wahre Reich-Gottes Mentalität, die durch einen erneuerten Sinn geken   nzeichnet ist. Der erneuerte Sinn hat verstanden, dass sich die Herrschaft des Königs auf alle Gesellschaftsebenen erstrecken muss, um ein effektiveres Zeugnis abzugeben. Wer in Begriffen des Reiches Gottes denkt, schaut auf die gewaltigen Nöte der Welt und sagt sich: „Gott hat die Lösung für dieses Problem. Ich habe legalen Zugang zu Seinen Geheimnissen. Deshalb werde ich Ihn suchen!" Aus der Perspektive des Reiches Gottes heraus werden wir, ähnlich wie Joseph und Daniel für die Könige ihrer Zeit, die Antwort auf jedes Problem haben.

Fast während der gesamten Kirchengeschichte wurden die Menschen unter dem Vorwand der „Hingabe an Christus" ihrer gottgegebenen Gaben, Talente und Träume entkleidet. Diese demontierte Version des Christentums stiehlt dem Gläubigen das Privileg des geistlichen Dienstes und delegiert es an eine besondere Klasse von Christen, die man „Geistliche" nennt. Die reguläre Rolle des Gläubigen beschränkt sich auf die finanzielle und emotionale Unterstützung jener Würdenträger. Auch wenn ich die Förderung geistlicher Dienste durch Spenden als eine Ehre betrachte und keinesfalls abwerten möchte, liegt mir doch daran, den Fokus auf das zu richten, was es wirklich wichtig ist – nämlich dass jeder einzelne Gläubige das Evangelium auf seine ureigene kreative Weise zum Ausdruck bringt.

Jeder Gläubige besitzt die Freiheit, mit Gott zu träumen und sich die kreativste Kraft des Universums nutzbar zu machen. Bevor Männer und Frauen jedoch mit Gott träumen können, müssen sie erst Seine Mitarbeiter werden. Ein echter Gläubiger wünscht sich niemals die Unabhängigkeit von Gott. Es geht nicht darum, Gottes Ansichten in irgendeiner Weise beeinflussen zu wollen, als hätte Er unsere Inputs nötig. Es geht vielmehr darum, Ihn gut zu repräsentieren, indem wir lernen, Sein Herz bei jeder Gelegenheit instinktiv und mit aller Sorgfalt durch unsere Gaben nach außen zu tragen. Denn schließlich ist die Erlösung aller Menschen Gottes größter Wunsch, und die Werkzeuge, mit denen Er Seine Güte unter Beweis stellt, sind herrlich unüberschaubar und erreichen die tiefste Herzensnot eines jeden Individuums auf dem Planeten. Nur die göttliche Weisheit kann sich einer solchen Herausforderung stellen, und nur eine Armee von Mitarbeitern kann an so vielen Orten so viel bewirken.

Wir wissen, dass der Traum des Vaters, die Menschheit zu erlösen, Seinem Sohn das Leben kostete. Träume können teuer sein. Doch als Partner Seiner Träume erlangen wir eine neue Fähigkeit, wie Er zu träumen.

Für mich liegt die Kreativität nicht ausschließlich in der Kunst oder den Erfindungen. Biblisch betrachtet gehören Weisheit und Kreativität zusammen. Tatsächlich manifestiert sich die Weisheit in der Kreativität, die mit exzellenter Arbeit und Lauterkeit verbunden ist. In Sprüche 8 erscheint die Weisheit als Person, die der Schöpfung aller Dinge als Freund Gottes beiwohnt. Aus diesem Grund darf der Gläubige Weisheit und Kreativität in seinem Kopf nicht trennen. Sie sind essentielle Werkzeuge, ohne die wir unseren Auftrag, effektive Zeugen für die Verlorenen zu sein, nicht erfüllen können. Mit der Weisheit gewinnen wir die Gunst der Ungläubigen in dieser Welt.

Viele Christen messen zwar der Weisheit einen hohen Wert bei, aber die Rolle der Kreativität vernachlässigen sie. Dennoch ist es gerade die Kreativität, die die Präsenz der Weisheit illustriert. In den sechs Tagen der Schöpfung präsentieren sich Weisheit und Kunst auf die wundervollste Art, die man sich vorstellen kann. Gott sprach und Welten wurden erschaffen. Licht und Schönheit, Töne und Farben flossen nahtlos ineinander über, während die Weisheit ihre Grenzlinien zog. Salomo, der bekannt war für seine übernatürliche Weisheit, beschrieb in seinen Sprüchen den Anteil der Weisheit an der Schöpfung:

Ehe die Berge eingesenkt wurden, vor den Hügeln war ich [die Weisheit] geboren, als er noch nicht gemacht die Erde und die Fluren, noch die Gesamtheit der Erdschollen des Festlandes.
Als er die Himmel feststellte, war ich dabei.
Als er einen Kreis abmaß über der Fläche der Tiefe,
als er die Wolken droben befestigte,
als er stark machte die Quellen der Tiefe,
als er dem Meer seine Schranke setzte,
damit die Wasser seinen Befehl nicht übertraten,

als er die Grundfesten der Erde abmaß:
da war ich der Werkmeister bei ihm
und war seine Wonne Tag für Tag,
spielend vor ihm allezeit,
spielend auf dem weiten Rund seiner Erde,
und ich hatte meine Wonne an den Menschenkindern.
(Sprüche 8, 25-31)

Die Weisheit wird als „Werkmeister" betitelt. Auffällig ist auch die emotionale Komponente: „*spielend vor ihm allezeit, spielend auf dem weiten Rund seiner Erde*" und „*ich hatte meine Wonne an den Menschenkindern*". Somit ist die Weisheit entgegen viele ihrer bildlichen Darstellungen nicht stoisch, sondern sie ist überaus fröhlich, feiert von Natur aus gerne und empfindet extrem viel Vergnügen am Schöpfungsakt.

Doch die größte Freude der Weisheit sind wir! In der Menschheit hat die Weisheit einen perfekten Gefährten gefunden. Sie und ich wurden geboren, um mit der Weisheit zusammenzuarbeiten – um auf eine weise Art zu leben und künstlerisch tätig zu sein.

Bezalel ist der erste Mensch, von dem die Bibel definitiv sagt, dass er mit dem Heiligen Geist erfüllt war. Und welche Rolle spielte er? Er sollte für Mose die Leitung eines Bauprojekts übernehmen und dem Herrn ein Haus errichten, in dem dieser unter Seinem Volk wohnen konnte. Gott hatte es zwar bereits in allen Einzelheiten beschrieben, doch ohne eine spezielle Begabung der Weisheit wäre Bezalel die Arbeit niemals gelungen. Daher wurde er mit übernatürlicher Weisheit gesegnet, die ihn für die Aufgabe qualifizierte und ihm die Fähigkeit verlieh, als Kunsthandwerker bzw. Handwerksmeister das Bauwerk genauso zu entwerfen und zu gestalten, wie Gott es in Seinem Herzen trug (siehe 2.Mose 31, 3-5; 35, 30-35).

Durch den Geist Jesu können Sie und ich die Weisheit Gottes mit künstlerischer Gestaltung und überragendem Erfindungsreichtum verknüpfen und darüber hinaus aufgrund der Kraft Seines Geistes in ausweglosen Situationen Lösungen anbieten.

Zum Nachdenken

1. In welcher Form zeigt sich die Weisheit in der Kreativität?

   ....

   ....

2. Zeigen Sie Parallelen zwischen der Kreativität Gottes während des Schöpfungsaktes und Ihrer eigenen Kreativität auf. Beziehen Sie dabei auch die vielen Leben spendenden Aspekte ihrer täglichen Routine mit ein. Gibt es Ihrer Erfahrung nach einen Zusammenhang zwischen kreativem Ausdruck und Weisheit?

   ....

   ....

3. Wie können Kreativität und Weisheit dazu beitragen, dass Reich Gottes gebaut wird?

   ....

   ....

Meditation

Der Teufel selbst hat keine kreativen Fähigkeiten. Alles, was er tun kann, ist das, was Gott gemacht hat, zu verzerren und zu verformen. Im Angesicht dieser Anstrengungen des Teufels, stellt Gott wieder her und erschafft neues, oft durch das Leben seines Volkes - wozu auch Sie gehören.

Wenn Weisheit und Kreativität der normale Ausdruck des Volkes Gottes ist, wird der Widerstand des Teufels geschwächt. Gott macht sich durch kreative Werke bekannt. Wenn Seine Werke durch seine Kinder fließen, wird ihre Identität offenbart, und zugleich ist es eine unausweichliche Offenbarung des Wesens Gottes im Lande. Er wird für diejenigen, die Augen haben um zu sehen, unwiderstehlich werden und andere, die sich Ihm widersetzen, werden entmutigt werden. Sein Geist in euch sucht nach Ausdrucksformen durch euren Verstand, eure Augen, Worte und Hände.

Bitten Sie Ihn, Ihnen heute zu zeigen, wie Sie sich - und Ihm, treu sein können.

Kapitel 26

DANKEN - IM EINKLANG MIT DEM HIMMEL

BILL JOHNSON

Stellen Sie sich vor, es ist Weihnachten. Sie sind die letzten Monate unterwegs gewesen und haben versucht, für ihre Familie ganz besondere Geschenke zu finden, die davon zeugen, wie gut sie deren Interessen und Wünsche kennen. Sie haben keine Kosten gescheut und nur beste Qualität eingekauft, damit ihre Geschenke sowohl Freude bereiten als auch nützlich sind. Aber dann tritt ihre Familie unter den Weihnachtsbaum. Einer ignoriert die Geschenke völlig, ein anderer packt sein Geschenk zwar aus, zweckentfremdet es jedoch, und der nächste behält seines einfach in der Hand, ohne es öffnen zu wollen. Zu allem Überfluss will niemand anerkennen, dass die Geschenke von Ihnen stammen.

Leider ist das die Reaktion vieler Christen auf Gottes Geschenke, besonders wenn es sich um die Geistesgaben handelt. Unzählige Menschen lassen einfach liegen, was Gott Ihnen anbietet, weil sie nicht wissen, was es ist bzw. wie man damit umgeht. Sie reden so albernes Zeug wie: „Zungenrede ist die unwichtigste Gabe, also strebe ich erst gar nicht danach." Wenn meine Kinder so über ihre Weihnachtsgeschenke reden würden, dann wäre meine Antwort:

„Es gehört euch! Es ist mir gleichgültig, wie gering ihr darüber denkt. Beim Kauf habe ich nur an euch gedacht und ich verschenke keinen billigen Kram. Packt es aus und ich zeige euch, was es ist und wie man es benutzt." Eine solche Zurückweisung von Gaben ist arrogant.

Dankbarkeit hat mit Demut zu tun und ist die einzig angemessene Reaktion auf das, was Gott uns gibt. Durch unseren Dank zeigen wir, wie sehr wir unsere Beziehung zu Ihm wertschätzen und dass wir Seiner Güte vertrauen, selbst wenn wir noch nicht verstanden haben, was Er uns geschenkt hat. Gott gibt uns „jede gute Gabe und jedes vollkommene Geschenk" (siehe Jakobus 1,17) aus zwei wesentlichen Gründen: Er möchte einerseits, dass wir wachsen und ein erfolgreiches Leben führen, und andererseits, dass wir Seine Liebe demonstrieren und dadurch zu einer Beziehung mit Ihm einladen. Im Danken gestehen wir ein, dass wir die Gaben des Herrn zu diesen Zwecken empfangen haben. Im Danken entdecken wir Gott und warum Er uns geschaffen hat. Im Danken machen wir uns mit dem Himmel durch die Anerkennung der Tatsache eins, dass unser Leben ein Geschenk Gottes ist und Er über alles souverän herrscht. Gott ist überaus großzügig, und das Leben, welches Er uns auf diesem Planeten geschenkt hat, ist kein Kampf ums Überleben, sondern ein Leben in Überfluss und im Segen. Erst wenn wir wirklich begreifen, was wir haben, werden wir dieses Leben kennenlernen. Das ist die Realität in Bezug auf den Empfang einer Gabe. Solange wir nicht verstehen, was wir haben, werden wir auch nicht verstehen, wozu es da ist, und keinen Nutzen daraus ziehen können.

Gott zu kennen ist nicht schwer und eigentlich das Normalste auf der Welt. Man muss Ihn nur als Gott verherrlichen und dankbar sein. Dieser Ansatz entspricht der Wahrheit und führt zu den riesigen Schätzen der Erkenntnis Gottes. Ohne diesen Ansatz ist unser Denken vergeblich und unser Herz dunkel (siehe Römer 1,18-21). Vergeblich bedeutet „bestimmungslos". Solange wir nicht für alles in unserem Leben danken, bleibt unser Denken von unserer Bestimmung in Gott abgeschnitten. Und sobald wir unsere Bestimmung aus den Augen verlieren, werden wir zwangsläufig Entscheidungen treffen, die außerhalb der Absichten Gottes für unser Leben liegen. Verfinsterte Herzen nehmen die geistliche Realität nicht wahr. Verfinsterte, undankbare Herzen sind für die Wünsche und Zuneigung des Herrn unempfänglich und können daher nicht auf Seine Einladung zu einer Beziehung mit Ihm antworten, welche ist die Quelle des Lebens. Wo keine Dankbarkeit ist, steht die Tür zur Sünde weit offen.

Da die Dankbarkeit uns mit der Quelle des Lebens und der Bestimmung verbindet und wir dadurch geistig gesund und aktiv bleiben, ist es nur verständlich, wenn Paulus uns mahnt, „in allem" dankbar zu sein: „*Freut euch allezeit! Betet unablässig! Sagt in allem Dank, denn dies ist der Wille Gottes in Christus Jesus für euch.*" (1. Thessalonicher 5, 16-18).

Darüber hinaus gibt es eine bestimmte Dimension der Danksagung, die sich in schwierigen und unglücklichen Zeiten besonders machtvoll auswirkt. Schlicht gesagt heiligt das Danken alles, womit es in Berührung kommt, auch böse Dinge. In 1. Timotheus 4, 1-5 rät Paulus dem Timotheus, sich wegen der Speisen, die den Götzen geweiht wurden, keine Gedanken zu machen, sondern sie zu essen, nachdem er sie durch Danksagung gereinigt und an den Herrn zurückgegeben hat. Wenn Paulus erklärt, dass unreine Speisen durch Danksagung geheiligt werden, dann bedeutet dies, dass sich die Natur jener Lebensmittel verändert und nur noch Gott und Seinen Zielen dienen.

Diese Wahrheit gilt auch für jede Situation im Leben, in welcher man neben der Kraft Gottes andere Mächte am Werk findet. Nicht alles, was im Leben passiert, entspringt Seinem Willen. Dazu gehören zum Beispiel die Krisen, die den Einzelnen oder ein Volk treffen mögen. Genaugenommen ist Er überhaupt nicht in der Lage, Schlechtes zu geben, weil Er es gar nicht hat. Weil Gott gut ist, kann von Ihm nur Gutes kommen, und Er hat auch nur Gutes zu verschenken. Für alles dankbar zu sein, bedeutet also nicht, Gott als den Urheber des Unglücks zu betrachten. Vielmehr versetzt uns das Danken inmitten widriger Umstände, die eigentlich unseren Glauben untergraben und uns sogar zerstören sollten, in die Lage, den Spieß umzudrehen und genau diese Umstände für die Zwecke Gottes zu nutzen.

Wenn wir danken, gelangt die Waffe des Feindes in unsere Hände, mit der er uns aus unserer göttlichen Bestimmung vertreiben wollte, und wird zu dem Mittel, durch das wir noch tiefer in unsere Bestimmung hineinkommen. Jesus erklärte, dass Er den Auftrag, den Er einst vom Vater erhielt, an uns weitergibt - nämlich die Werke des Teufels zu zerstören (siehe 1. Johannes 3,8). Danksagung vollzieht die Gerechtigkeit des Reiches Gottes, und der Feind fällt durch die Waffe, die zu unserer Vernichtung gedacht war. Allein das Wissen, an der Zerstörung der feindlichen Absichten teilhaben zu können, sollte bereits zu Dankbarkeit anspornen!

Zum Nachdenken

4. Haben Sie auch schon einmal Ihre gottgegebenen Gaben
    ignoriert oder zweckentfremdet? Wenn ja, auf wel-
    che Weise? Können Sie erkennen, dass dieses Verhalten
    nicht nur gedankenlos sondern auch äußerst schädlich
    für Ihre Beziehung zu dem Geber ist?

    ....

    ....

    ....

5. Denken Sie an eine Entscheidung, die Sie außerhalb von
    Gottes Absicht für Ihr Leben trafen. Was, glauben Sie,
    hat Sie in der Zeit vor dieser schlechten Entscheidung
    dazu bewogen, nicht mehr für alles in Ihrem Leben zu
    danken und dadurch Ihr Denken von Ihrer Bestimmung
    in Gott abzuschneiden? Mit anderen Worten, warum
    haben Sie Ihm nicht mehr vertraut? Wie haben Sie ver-
    sucht, die Dinge selbst zu regeln?

    ....

    ....

    ....

6. Haben Sie das Danken schon einmal in einer Zeit der
    Bedrängnis praktiziert? Wie hat es sich ausgewirkt?

    ....

    ....

    ....

167

Meditation

Wenn Gott Ihnen sagt, dass Sie Ihm danken sollen, wird er nicht versuchen, sich bei Ihnen einzuschmeicheln, indem er Ihnen ein Geschenk anbietet, damit Sie dankbar sind. Er will uns mit seinen Gaben nicht manipulieren.

Er will, dass Sie ihm danken, weil Dankbarkeit die Wahrheit über Ihr Leben aussagt. Und wenn Sie mit der Wahrheit übereinstimmt, wird die Wahrheit Sie freisetzen, sich als jemanden, der nach Seinem Bilde geschaffen wurde, zu sehen und zu erleben. Wenn Sie Ihren Dank Gott vorenthalten, trennen Sie sich tatsächlich von Ihrer Identität.

Beginnen Sie im Dankgebet die Dinge zu benennen, für die Sie Ihm danken wollen, einschließlich der aktuellen Schwierigkeiten und Probleme! Anerkennen Sie seine Herrschaft über Ihr Leben. Freuen Sie sich, während die Wahrheit Sie frei macht!

Kapitel 27

MIT FRÖHLICHER ANBETUNG GEGEN DIE FINSTERNIS

BENI JOHNSON

Anbetung und Freude gehören zu unseren wichtigsten Werkzeugen in der Fürbitte. Ich bin fest davon überzeugt, dass keine andere Waffe ein größeres Durcheinander im Lager des Teufels anrichtet als diese beiden. Sie kommen aus unserer innigen Beziehung zum Vater-Gott.

Das griechische Wort für „Anbetung" lautet proskuneo und bedeutet „küssen". Es drückt somit erheblich mehr aus, als einfach nur in die Kirche zu gehen und Lieder zu singen. Es bedeutet, dass man von ganzem Herzen in jemanden vernarrt ist. Gott zu verehren ist, als würde man Ihn küssen. Auf diese Weise konzentrieren wir uns völlig auf Ihn, sodass wir in Seine machtvolle Gegenwart gelangen.

Eines Sonntagmorgens saß ich im Gottesdienst und war während der Anbetung von einer ständigen Unruhe befallen. Ich schaute mich um und musterte die Leute, um herauszufinden, ob es einen geistlichen Grund dafür gab. Da hörte ich den Heiligen Geist flüstern: „Du lässt dich von mir ablenken. Bete Mich einfach an." Es war ein kleiner Stupser vom Heiligen Geist, aber ich verstand. Gott kümmerte sich selbst um die geistlichen Angelegenheiten im Raum. Ich

169

dagegen musste nur bei Ihm sein und Ihn anbeten. Meine Anbetung war ein Instrument der Kampfführung.

Die Anbetung verschafft uns Zugang zum himmlischen Sektor. Indem wir anbeten, befreien wir uns aus den darunter liegenden Bereichen, wo all das Negative auf uns einwirkt, und landen in der Herrlichkeit Seiner Gegenwart. Wenn wir anbeten, kann sich die Gegenwart Gottes und Sein Reich im Raum ausbreiten. Anbetung jeglicher Art – durch Worte, Tanz, Musik oder sonstige Formen – versetzt das dämonische Reich in Angst und Schrecken. Meiner Meinung nach können der Teufel und seine Dämonen den Lobpreis bzw. die Nähe von wahren Anbetern nicht ertragen. Unser Sohn Brian hat einmal für eine gepeinigte Person Gitarre gespielt, um ihr Frieden zu bringen. Ich kenne eine Frau, die in unserer städtischen Reha-Klinik vor den Alzheimer Patienten regelmäßig Flöte spielt, bis diese zur Ruhe kommen.

Aus dem gleichen Grund bringt *Freude* Sieg. Wir sollen ein Volk sein, das in jedem Bereich seines Lebens und Dienens von der Freude Jesu erfüllt ist. Bei vielen Fürbittern stelle ich fest, dass ihnen neben anderen Elementen auch die Freude fehlt. Ihr Gebetsstil müsste sich mehr am Fürbittestil des Himmels orientieren, dem ich so liebend gerne mal einen Besuch abstatten würde, um die Freude zu erleben, die dort herrscht. Der Himmel ist kein Ort der arbeitsintensiven Fürbitte, sondern ein Ort des Wissens und der reinen Freude. Jesus sagte: „... *denn mein Joch ist sanft, und meine Last ist leicht.* " (Matthäus 11,30). Mit anderen Worten, für Ihn zu arbeiten ist eine freudvolle Erfahrung. Dies ist die erfrischendste und effektivste Art der geistlichen Kampfführung, auch wenn ein solches Leben im ersten Moment unmöglich erscheint. Der Feind möchte uns auf sein Niveau ziehen, ein Trick, auf den die meisten von uns hereinfallen. Satans Welt ist voller Mühsal und Anstrengung. Sobald wir diese Welt betreten, stecken wir im Burnout. Der feindliche Plan lautet, uns vollkommen auszubrennen.

Jesus schlägt einen anderen Weg ein. Er sagte zu Seinem Vater: *„Jetzt aber komme ich zu dir; und dieses rede ich in der Welt, damit sie meine Freude völlig in sich haben."* (Johannes 17,13). Jedes Mal, wenn wir davon ausgehen, dass Sein Licht die Finsternis besiegt, wird Seine Freude in uns wahr. Zu wissen, dass Er mit anpackt, lässt uns jedes Joch schultern. Wir sind die Auslöser Seines Lichts. Sich einfach zu freuen, ist bereits ein wundervoller Weg, um die Finsternis zu verwirren, die über Sie und andere herrschen will. Sie kann das Licht nicht einholen, weil sie es nicht begreift (siehe Johannes 1,5). Allein dieses Wissen sollte Ihnen schon eine extra Portion Freude schenken.

Die meisten Menschen wissen, dass der Überraschungsmoment ein wichtiges Prinzip der Kriegsführung darstellt. Dieses Prinzips ist auch für uns interessant, denn schließlich befinden wir uns im Krieg. Und der Feind weiß nicht, wie er die Freude in einem Menschen bekämpfen soll. Er findet keinen Ansatzpunkt. Ein fröhlicher Mensch ist vergnügt, ja selig, und lacht, auch wenn die Umstände eher zum Heulen sind. Mit einer Kombination von Anbetung und Freude – anhaltender, mit Freude erfüllter Anbetung – werden die feindlichen Streitkräfte verjagt und durch Engel ersetzt, die Freude lieben.

Vor Jahren hielten wir einige Versammlungen in Alaska ab. Bei den ersten Treffen drangen wir trotz der Lobpreiszeiten, die wir hatten, nie zur innigen Anbetung vor. Wir hatten das Gefühl, als stünde eine Mauer zwischen uns und Gott. In unserer Begleitung befand sich auch die Leiterin unserer Anbetungsgruppe, die wir wegen der Freude, die sich in ihrem Tanz ausdrückt, auf solche Reisen immer gerne mitnehmen. Sowie wir etwas in der geistlichen Sphäre brechen wollen, bitten wir sie, aufzustehen und anzubeten. Sie tut es von ganzem Herzen, ohne überhaupt an Kampf-führung zu denken, und dennoch wird ihr Tanz zum Krieg. Wir sagen ihr nicht einmal, was los ist. Wir wollen nur, dass sie anbetet. So auch in Alaska. Sie stand auf und begann zu tanzen, und worin die Mauer auch jemals bestand, sie ver-schwand, und der Himmel kam in den Raum.

An diesem Gottesdienst nahm auch ein Mann teil, der in den geistlichen Bereich schauen konnte. Nachdem sie geendet hatte, erzählte er uns, was er gesehen hatte. Am Anfang waren Dämonen um den Raum herum gesessen, doch als unsere Tänzerin aufstand, begannen sie zu schreien und flohen, so schnell sie konnten.

Natürlich ließen wir unsere Tänzerin nicht wegen ihrer Wirkung auf die Finsternis anbeten, sondern weil Gott wür-dig ist. Wir konnten mit Joschafat sagen:

„Denn in uns ist keine Kraft vor dieser großen Menge, die gegen uns kommt. Wir erkennen nicht, was wir tun sollen, sondern auf dich sind unsere Augen gerichtet."
(2.Chronik, 20,12)

Zum Nachdenken

1. Ist Anbetung eine offensive oder defensive Waffe? Warum?

....

....

....

2. Versuchen Sie mit eigenen Worten zu beschreiben, warum die Gabe der echten Freude als Waffe gegen den Feind dient. Haben Sie diese Waffe jemals bewusst geschwungen? Welche Auswirkungen hatte dies?

....

....

....

3. Kennen Sie jemanden, der überall, wo er hinkommt, einen fröhlichen Geist mitbringt? Oder kennen Sie jemanden, durch dessen Fähigkeit zur Anbetung Sie selbst in die Anbetung finden? Falls Sie so jemanden noch nicht kennen, dann schauen Sie sich doch mal im Kreis Ihrer gläubigen Freunde und Bekannten um. Oder werden Sie für den Leib Jesu selbst zu einer solchen Person.

....

....

....

Meditation

Seien Sie ehrlich vor dem Herrn und schütten Sie Ihm Ihr Herz aus. Bekennen Sie die Lasten, die Sie getragen haben, anstatt sie Ihm zu geben, und laden Sie bei Ihm ab, was noch auf Ihren Schultern ruht. Sagen Sie es Ihm, wenn Sie manchmal vergessen, Ihn anzubeten, bzw. wenn Sie ganz besonders vergessen, dass die Anbetung Sie von Ihrer eigenen Düsterkeit befreien und in Sein himmlisches Licht heben kann. Lassen Sie Ihr ehrliches Gespräch mit Ihm in Anbetung, Danksagung und Freude übergehen. Hören Sie nicht eher auf – und verharren Sie anschließend so lange wie möglich.in der Anbetung.

Kultivieren Sie einen Geist der Anbetung. Sie können zu jeder Zeit und an jedem Ort anbeten. Dies wird sich erheblich auf Ihre Siegesbilanz auswirken, und natürlich auf Ihre Freude.

Kapitel 28

GOTTES GABEN AUSSCHÖPFEN
DANNY SILK

Solange die Gnadengaben zur Ausrüstung der Heiligen nicht vollständig und in aller Reife zum Einsatz kommen, ist das Volk Gottes nicht genügend darauf vorbereitet, den neuen Wein, den Gott zur Zeit ausgießt, aufzunehmen und an die Welt weiterzugeben. In jeder Gemeinde, ob groß oder klein, müssen die verschiedenen Salbungen der verschiedenen Gaben den „Weinschlauch" der Leiterschaft elastisch halten. Jede dieser Salbungen deckt durch ihre spezifische Ausrichtung und Motivation einen wichtigen Teil der Identität und Bestimmung der Gemeinde ab.

Mein Interesse hierbei gilt besonders dem sogenannten „fünffältigen" Dienst, der im Epheserbrief wie folgt beschrieben wird:

Und er hat die einen als Apostel gegeben und andere als Propheten und andere als Evangelisten und andere als Hirten und Lehrer zur Ausrüstung der Heiligen für das Werk des Dienstes, für die Erbauung des Leibes Christi, bis wir alle hingelangen zur Einheit des Glaubens und der Erkenntnis des Sohnes Gottes, zur vollen Mannesreife, zum Vollmaß des Wuchses der Fülle Christi (Epheser 4, 11–13).

Viele Gemeindeleiter stecken in einem frustrierenden Zyklus von großen Geistesausgießungen, die allmählich wieder verebben, bis alles wieder seinen gewohnten Gang nimmt. Ich bin mir sicher, dass die Gründe hierfür in einem mangelnden Verständnis liegen. Sie verstehen weder den fünffältigen Dienst noch ihre persönliche Salbung und Berufung sowie den richtungsweisenden Einfluss, den ihre Salbung auf die Gemeinde ausübt.

Die fünf Gnadengaben zur Zurüstung der Heiligen sind der Apostel, Prophet, Evangelist, Hirte und Lehrer. Wie treten sie in Aktion? Ich möchte dies anhand einer Massenkarambolage verdeutlichen und das entsprechende Verhalten der einzelnen Typen beschreiben.

Der *Hirte* springt als erstes aus dem Auto. Hastig versucht er, die Situation zu erfassen und gezielt erste Hilfe zu leisten. Er besorgt Decken, Jacken, Wasser und alles, was er finden kann, um es den Verwundeten so erträglich wie möglich zu machen. Mit wachem Blick hält er nach möglichen Gefahren Ausschau, die die Sicherheit der Hilfsbedürftigen und derjenigen, die zur Unfallstelle hinzustoßen, gefährden könnten. Er spricht mit den Betroffenen und fragt sie nach ihrem Namen, ihrem Familienstand und ob sie Kinder haben. Er sammelt Informationen zum jeweiligen Gesundheitszustand und zu allen möglichen Notfallkontakten, um das Notfallteam unterstützen zu können, sobald es eintrifft. Er bringt Ruhe in die Situation und jeder spürt seine aufrichtige Fürsorge. Der Hirte fragt sich, ob er nicht hätte Arzt werden sollen.

Der *Lehrer* erscheint als nächstes auf der Bildfläche. Er studiert die Lage, um die Unfallursache herauszufinden. Er geht den Bremsspuren nach und stellt fest, in welchen

Abstand und mit welcher Geschwindigkeit die einzelnen Autos vor dem Aufprall fuhren. Aufgrund seiner fundierten Kenntnisse der Verkehrsgesetze und als Autofahrer entwickelt er eine Theorie darüber, wer der Schuldige ist. Seine Schlussfolgerung mündet darin, dass die Fahrzeugführer insgesamt eine bessere Ausbildung benötigen, und beschließt, eine Schule zu gründen.

Nun taucht der **Evangelist** auf und fragt jeden, der sich mittlerweile (dank des Hirten) an einem sicheren und bequemen Ort befindet: „Sollten Sie Ihren Verletzungen erliegen, wissen Sie dann, ob Sie in den Himmel kommen oder in die Hölle müssen?" Er nimmt die große Ansammlung von Schaulustigen wahr, die sich gebildet hat, und konfrontiert auch sie mit derselben Frage. Die Menschen übergeben dem Herrn noch am Straßenrand ihr Leben. Daraufhin erklärt er den neuen Gläubigen, dass das größte Geschenk, dass man einem Menschen überhaupt machen kann, das Geschenk der Errettung ist. Er lehrt sie, andere Menschen zu Christus zu führen, und betet für ihre Taufe im Heiligen Geist. Dann meint er zum Abschluss: „Das war toll!" und beschließt, sich einen Scanner zum Abhören des Polizeifunks zu kaufen, sobald er wieder in der Stadt ist.

Der **Prophet** wusste bereits, was geschehen würde, weil er in der Nacht davon geträumt hat. Da in seinem Traum alle überlebt haben, wehrt er dem Geist des Todes und verkündet voller Glauben, dass jeder leben und keiner sterben wird. Er erklärt außerdem, dass der Unfallort von Engeln umgeben ist und betet, dass die Augen der Herzen der Menschen aufgetan werden, damit sie im Geist erkennen können. Anschließend läuft er umher, prophezeit die Bestimmung einzelner Leute und setzt den Geist der Offenbarung über sie frei. Schließlich und selbstverständlich fragt er sich durch, um herauszufinden, wer die Leitung vor Ort hat. Wenn er die entsprechende Person aufspürt, erkennt er, ob sie von Gott dazu berufen wurde oder nicht. Findet er aber niemanden, dann ernennt er kurzerhand selbst einen Leiter.

Der **Apostel** betet für die Verletzten und bittet um Gottes übernatürliche heilsame Berührung. Er beginnt, von anderen Unfällen zu erzählen, bei denen er die Kraft Gottes erlebt hat, und der Glaube der Menschen wächst. Er fragt, ob jemand Wärme in den Händen fühlt, und lässt diese Leute für andere um Heilung beten. Nachdem er allen Anwesenden demonstriert hat, dass das Reich Gottes nahe herbeigekommen ist, geht er heim und eröffnet eine Schule für diejenigen, die an Unfallstellen vorbeikommen, und schickt sie in die Welt hinaus, damit sie dort Zeichen und Wunder tun.

Keine Salbung ist besser, wichtiger oder richtiger als die andere. Jede Salbung legt fest, wie ein Mensch eine bestimmte Situation wahrnimmt und welche Lösungen er einbringt. Alle fünf sind Gottes Gaben an Seine Gemeinde, die helfen sollen, die himmlische Perspektive auf die Erde zu holen.

Keine der fünf Salbungen darf fehlen und alle müssen zusammenwirken. Kurz gefasst bedeutet dies, dass der Apostel regiert, der Prophet führt, der Evangelist sammelt, der Hirte beschützt und der Lehrer festigt.

Zum Nachdenken

1. Apostel, Prophet, Evangelist, Hirte und Lehrer sind *Berufungen*, der aktive Dienst in einem dieser Bereiche ist die *Gabe*, und die *Salbung* bestimmt, in welche Richtung beides gehen soll. Lesen Sie unter diesen Gesichtspunkten folgende Passagen: 1.Korinther 1,1; 1.Petrus 4,10; Jesaja 61,1.

   ....

   ....

   ....

2. Glauben Sie, dass Sie zu einer der fünffältigen Gaben berufen sind? Falls ja, wer aus Ihrem kirchlichen Umfeld besitzt diese Berufung noch? Wie können Dienst und Salbung mit dieser Gabe fließen? Was lernen Sie von dieser Person darüber? Wenn Sie denken, dass Sie keine der fünf Gaben besitzen (was in Ordnung ist – eine führende Position als Apostel, Prophet, Evangelist, Hirte oder Lehrer ist nicht jedermanns Bestimmung), können Sie im Einzelnen beschreiben, welche Mittel Gott Ihnen gegeben hat, um den Leib Christi zu fördern? Denn auch Sie sind berufen, begabt und gesalbt.

   ....

   ....

   ....

Meditation

„Denn die Gnadengaben und die Berufung Gottes sind unbereubar" (Römer 11,29). Die Gaben des Geistes sind beständig, doch die Salbung, die ihnen den nötigen Impuls gibt, wird je nachdem, wie Ihre Beziehung zum Heiligen Geist ist, mal stärker und mal schwächer sein.

Der Grad Ihrer persönlichen Aktivität hängt schlicht auch davon ab, was um Sie herum passiert. Sie sind Teil eines Leibes, und nicht alle Glieder eines Leibes sind zu jedem Zeitpunkt im Einsatz.

Paulus schreibt: *„Wir aber haben Christi Sinn"* (1.Korinther 2,16). Der Plural zeigt, dass wir gemeinsam den Leib Christi bilden. Bitten Sie Ihn, dass Er Ihnen zeigt, wie Sie sich noch besser in den lokalen Leib der Gläubigen einpassen, Ihre speziellen Gaben aktivieren und vor allem in Ihrer Beziehung zu Seinem Heiligen Geist wachsen können.

Kapitel 29

MIT GOTT EINGESCHMIERT
BILL JOHNSON

Wir wissen, dass die Verheißung Jesu: *„Und siehe, ich bin bei euch alle Tage bis zur Vollendung des Zeitalters."* (Matthäus 28,20) für jeden Einzelnen gilt, der Ihn zur Errettung anruft. Doch warum nehmen dann manche Menschen die Gegenwart Gottes stärker wahr als andere? Warum legen manche Menschen größeren Wert auf die Gegenwart Gottes als andere? Wie können manche Menschen den ganzen Tag über Gemeinschaft mit dem Heiligen Geist haben und ganz genau wissen, wie ihre Worte, Haltungen und Taten auf Ihn wirken? Um Ihn nicht zu betrüben, bemühen sie sich leidenschaftlich darum, Ihm in allem die Vorrangstellung zu geben, und diese Leidenschaft führt jene Gläubigen in ein wirklich übernatürliches Leben, in welchem der Heilige Geist auf kontinuierlicher Basis durch sie wirkt.

Der Unterschied liegt in der Salbung. Die Gegenwart Gottes realisiert sich in der Salbung Gottes. Das Wort „salben" kommt aus dem Lateinischen und bedeutet „beschmieren". Gottes Salbung überzieht oder „beschmiert" uns mit Seiner krafterfüllten Gegenwart. Sobald ein Mensch in der Salbung Gottes vorwärts geht, geschehen übernatürliche Dinge!

Die Kirche verwendet die Salbung zum größten Teil für eigene Zwecke. Viele haben nicht verstanden, warum Gott uns mit sich Selbst bedeckt, und glauben, es sei ausschließlich zu unserem Vergnügen. Aber wir dürfen nicht vergessen, dass wir im Reich Gottes nur das behalten, was wir weitergeben. Diese wundervolle Gegenwart Gottes soll in die Welt getragen werden. Geschieht das nicht, nimmt unsere Effektivität ab. Hat Er uns dann verlassen? Nein. Aber vielleicht hilft diese Aussage, folgenden Punkt zu verdeutlichen: *Er ist um meinetwillen **in** mir, aber um deinetwillen **auf** mir!* Jeder Dienst muss sowohl von der Kraft des Heiligen Geistes erfüllt sein, als auch das „sammelnde" Element besitzen. Jesus sagte: „*... wer nicht mit mir sammelt, zerstreut.*" (Lukas 11,23).

Durch die Salbung können wir die Welt in eine Begegnung mit Gott führen, was wir ihr auch schulden. Deshalb sollte jeder engagierte Gläubige nach einer größeren Salbung rufen. Wenn wir mit Gott beschmiert sind, überträgt es sich auf alles, womit wir in Berührung kommen. Man betrachtet die Salbung gemeinhin als etwas, das beim Predigen oder dem Gebet für Kranke hilft, doch in Wirklichkeit ergeben sich die meisten Gelegenheiten zum Dienen durch jene Personen, die unter einer kontinuierlichen Salbung stehen.

In unserer Stadt gibt es einen Naturkostladen, den ich früher regelmäßig besuchte. Es war eher ein esoterischer Laden, in dem seltsame Musik läuft und viele kultische, spirituelle Bücher ausliegen. Ich ging deshalb hin, weil ich mir vorgenommen hatte, das Licht Gottes zu den dunkelsten Plätzen der Stadt zu tragen. Die Menschen sollten den Unterschied zwischen dem wahren Licht und dem, was sie für Licht halten, erkennen. Jedes Mal, bevor ich eintrat, betete ich, dass die Salbung Gottes auf mir lag und durch mich floss. Anschließend lief ich zwischen den Regalen umher und betete still im Geist, damit der Verkaufsraum von Gott erfüllt wurde. Eines Tages kam der Besitzer auf mich zu und sagte: „Jedes Mal, wenn Sie hereinkommen, ist etwas anders." An diesem Tag öffnete sich mir eine Tür, und ich konnte in der darauffolgenden Zeit dort oftmals dienen. Die Salbung auf mir rüstete mich dafür aus.

Jesus ging auf einer dicht bevölkerten Straße, und die Menschen drängten sich an Ihn, um Ihm so nah wie möglich zu kommen. Eine Frau streckte ihre Hand aus und berührte Sein Gewand. Er blieb stehen und fragte: „Wer hat Mich berührt?" Die Jünger wunderten sich über eine solche Frage, denn die Antwort lag ja auf der Hand – jeder! Aber Jesus fügte hinzu, dass Er gespürt habe, wie „Kraft" von Ihm ausgegangen sei. Er war vom Heiligen Geist gesalbt, und die Kraft des Geist Gottes war in diesem Augenblick von Ihm zu der Frau geflossen und hatte sie geheilt. Ihr Glaube hatte eine entsprechende Forderung an die Salbung in Jesus gestellt. „...und vernichtet wird das Joch ..." (Jesaja 10,27).

Beim Einsammeln eines Opfers zitiert man gerne den Vers: „Umsonst habt ihr empfangen, umsonst gebt." (Matthäus 10,8). Dabei wird häufig vergessen, in welchem Zusammenhang dieser Vers steht. Jesus bezog sich auf den übernatürlichen Dienst und meint damit, dass wir den Heiligen Geist, den wir empfangen haben und der die größte aller Gaben darstellt, weitergeben sollen.

Wenn wir in der Salbung dienen, geben wir die Gegenwart Gottes weiter, – wir übermitteln Gott an andere. Jesus erklärte den Jüngern, was das heißt. Es schließt nicht nur so offensichtliche Dinge wie Krankenheilung, Dämonenaustreibung usw. mit ein, sondern auch jenen häufig vergessenen Aspekt: „Wenn ihr aber in das Haus eintretet...so komme euer Friede darauf..." (Matthäus 10,12-13).

Er hat uns zu Verwaltern der Gegenwart Gottes gemacht. Trotzdem können wir Seine Gegenwart nicht einfach für unsere eigenen religiösen Zwecke manipulieren und benutzen. Der Heilige Geist wirkt auf uns ein und führt uns in die Zusammenarbeit mit Christus. Aus dieser Position heraus laden wir Ihn in die Umstände ein, die sich vor uns auftun. Sobald wir Ausschau halten, wo wir dienen können, schenken wir dem Heiligen Geist die Möglichkeit, das zu tun, was nur Er tun kann – Wunder.

Geben Sie Gott eine Chance, das zu tun, was nur Er kann. Er sucht Menschen, die sich mit Ihm „einschmieren" lassen und Seiner Gegenwart erlauben, auf andere entscheidend einzuwirken. Jesus sagte: *„Wenn ich nicht die Werke meines Vaters tue, so glaubt mir nicht"* (Johannes 10,37). Die Werke des Vaters sind die Wunder. Und im Hinblick auf Seine eigenen Wunderwerke sagte Er: *„Wer an mich glaubt, der wird auch die Werke tun, die ich tue, und wird größere als diese tun, weil ich zum Vater gehe"* (Johannes 14,12). Ich freue mich schon auf den Tag, an dem die Gemeinde erklärt: „Glaubt uns erst, wenn wir die Werke Jesu tun!"

Ich schulde der Welt ein Geist-erfülltes Leben, weil ich der Welt eine Begegnung mit Gott schulde. Ohne die Fülle des Heiligen Geistes in und auf mir, werde ich für Gott kein geeignetes Gefäß sein, durch das Er fließen kann.

Zum Nachdenken

1. Manchmal mutet der Begriff „die Salbung" wie ein Code-wort an, das dessen Bedeutung schmälert. Können Sie ihn mit eigenen Worten beschreiben? Nennen Sie auch Beispiele aus Ihrem persönlichen Leben, in denen Sie die Gegenwart Gottes aufgrund der Salbung (auf Ihnen und auf anderen) sowohl darreichen als auch empfangen.

....

....

....

2. Wie hat die Salbung Ihnen geholfen, Ihre geistlichen Gaben noch effektiver auszuüben? Gehen Sie dabei von den dienenden Gaben, wie z.B. Dienst- und Hilfeleis-tungen, aus.

....

....

....

3. Wie können Sie überall dort, wohin Sie die nächsten 24 Stunden gehen werden, die Gegenwart Gottes mit-bringen?

....

....

....

Meditation

Lassen Sie sich von diesem Kapitel dazu anregen, Seine Gegenwart neu zu suchen. Atmen Sie Ihn ein. Sagen Sie Ihm, dass Er Sie noch mehr verändern soll. Horchen Sie auf Seine Stimme tief in Ihrem Herzen. Übergeben Sie Ihm Ihr Leben noch einmal mit allem, was Sie sind.

Bitten Sie Ihn, Sie mit Seiner Gegenwart „einzuschmieren" und zu salben, damit Sie sie heute in Ihr Umfeld tragen können. Sein Herz sehnt sich danach, durch Sie die Herzen anderer Männer, Frauen und Kinder zu berühren. Öffnen Sie Ihm Ihr Herz, auf dass Er durch sie die Herzen dieser Menschen erreicht.

Kapitel 30

Das Gabentraining
Kris Vallotton

In den Tagen von Samuel, Elia und Elisa gab es so etwas wie eine Prophetenschule. Von ihrer Behausung in Naioth aus wanderten sie durch die Wüste und übten sich unter der Leitung von Samuel in der Gabe der Prophetie (siehe 1.Samuel 19,18-20).

Unglücklicherweise verstehen manche Christen nicht, was es mit der Einübung der Prophetie, bzw. von Geistesgaben überhaupt, auf sich hat. In Wirklichkeit üben wir sie nämlich nicht, damit wir immer besser darin werden, sondern um unsere Fähigkeit zu trainieren, im Fluss des Heiligen Geistes zu bleiben.

In seinem ersten Brief an Timotheus ermahnt Paulus diesen, dass er in seinen geistlichen Gaben über seine Komfortzone hinaus dienen soll. Wer schon einmal Sport getrieben hat, weiß, dass sich die Leistung ohne ein gewisses Maß an körperlichen Schmerzen nicht steigern lässt. Wenn man am nächsten Morgen aufwacht und keinen Muskelkater spürt, wird klar, dass das Training nur die bereits bestehende Kondition erhalten hat.

Dasselbe Prinzip gilt auch für das geistliche Wachstum. Solange man nur das tut, was gemütlich ist, wird es ausbleiben. Echtes Wachstum beinhaltet stets ein Element von Unbequemlichkeit. Man kann es auch so betrachten: „Die Hunde des Unheils stehen an den Toren des Schicksals." Mit anderen Worten, in den Dingen, die wir fürchten, steckt oftmals die größte Belohnung.

Paulus erinnert Timotheus daran, *„die Gnadengabe Gottes anzufachen, die in dir … ist. Denn Gott hat uns nicht einen Geist der Furchtsamkeit gegeben, sondern der Kraft und der Liebe und der Zucht."* (2.Timotheus 1, 6-7). Damit spricht er unsere Tendenz zur Furchtsamkeit an. Sobald wir im Glauben vorwärtsgehen, müssen wir über die Furcht hinwegsteigen. Angst ist der Wachhund auf der Burg, die den geistlichen Reichtum beherbergt. Wenn er anfängt zu bellen, wissen wir, dass die Schätze, die er bewacht, in der Nähe sind. Viele Menschen wagen es nicht, einfach über den knurrenden Hund hinwegzusteigen. Das Ergebnis: sie wachsen nicht, weil sie ihre Gaben nicht trainieren.

Hier einige praktische Vorschläge, wie man die Geistesgaben, insbesondere die der Prophetie, einüben kann:

Prophezeien Sie über Ihren Tag. Fragen Sie den Herrn schon morgens beim Aufwachen, was im Laufe des Tages passieren wird. Schreiben Sie alles, was Sie hören, so exakt wie möglich auf. Prüfen Sie nun am Abend, ob es genauso eingetreten ist, wie Sie es sich selbst prophezeit haben. Prüfen Sie auch, inwieweit Sie die einzelnen Details verstanden haben.

Üben Sie sich in den Worten der Erkenntnis. Gehen Sie in ein Restaurant oder ein öffentliches Geschäft. Beten Sie für die Person, die Sie bedient, und bitten Sie den Herrn um Worte der Erkenntnis. Normalerweise tut man das am besten, wenn die Person gerade nicht in der Nähe ist. Notieren Sie sich die Worte der Erkenntnis auf ein Blatt

Papier. Später können Sie die Person auf das hin „interviewen", was Sie empfangen haben.

Wenn Sie zum Beispiel glauben, dass der Herr Ihnen gezeigt hat, die Person habe drei Kinder, können Sie einfach fragen, ob sie Kinder hat. Falls ja, können Sie nach der Anzahl fragen, usw. Sollten Sie gerade erst damit anfangen, dann schlage ich vor, dass Sie mit den Menschen nicht darüber sprechen, was Sie von Gott empfangen haben. Zu Beginn geht es mehr darum, dass Sie in Ihrer Gabe wachsen. Sowie Ihre Fähigkeit, die Stimme des Heiligen Geistes zu hören, immer mehr zunimmt, werden Sie furchtlos und voller Glauben darin dienen.

Tun Sie sich mit einer anderen Person zusammen. Suchen Sie sich Sie einen Gebetspartner. Gehen Sie zusammen ins Gebet und bitten Sie den Herrn abwechselnd um Worte der Erkenntnis, die der jeweilige Empfänger anschließend beurteilt. Diese Methode funktioniert natürlich am besten, wenn beide in Ihren geistlichen Gaben wachsen wollen. Bei dieser Übung ist es wichtig, dass man extrem ehrlich miteinander umgeht, um die eigene Entwicklung richtig einschätzen zu können.

Üben Sie sich in den Worten der Erkenntnis für Heilung. Sie können dies in einer Gruppenveranstaltung üben, indem Sie den Herrn einfach darum bitten, Ihnen jemanden zu zeigen, der gerade krank ist oder Schmerzen hat. Häufig werden Sie bei sich selbst in dem Körperteil etwas spüren, welches der Herr bei einem anderen heilen möchte. Sofern es die Versammlung zulässt, fragen Sie in die Runde, ob jemand unter dem entsprechenden Problem leidet. Anschließend sollten Sie für die Person beten und die Freude erleben, wie der Herr das Gebrechen heilt!

Prophezeien Sie als Gruppe. Eine weitere Möglichkeit, in der Gruppe zu üben, besteht darin, dass man einen Teilnehmer auswählt, über den die anderen prophezeien. Die Worte werden mitgeschrieben, und nach einer gewissen Zeit bittet man die Person, die Prophetien zu beurteilen und der Gruppe ein Feedback über die Genauigkeit der Worte zu geben.

Prophetische Fürbitte. Prophetische Fürbitte findet statt, wenn wir beten. Der Herr gibt uns im Gebet oftmals Einsichten in das Leben von Menschen. Prophezeien Sie die Antwort auf jedes einzelne Problem, das Sie im Leben anderer Menschen erkennen, und bitten Sie anschließend den Herrn, dass Sie deren Wege noch am selben Tage kreuzen. Sie werden erstaunt sein, wie oft der Herr Ihnen Menschen ins Gedächtnis ruft, für die Sie beten sollen – Menschen, denen Sie seit Monaten oder gar Jahren nicht mehr begegnet sind. Sie werden höchstwahrscheinlich bald von ihnen hören.

Das Einüben der Geistesgaben sollte in einer Atmosphäre der Liebe und in einer Kultur der Unterordnung unter echter geistlicher Autorität geschehen, sodass wir auf einem festen Fundament bauen können, während wir unsere geistlichen Gaben praktizieren.

Zum Nachdenken

1. Welche geistlichen Gaben besitzen Sie? Falls Sie das nicht wissen, gehen Sie auf Entdeckungsreise. Falls Sie es wissen, wie wenden Sie sie an? Auf welche Weise sind einige davon zurückgestellt worden?

    ....

    ....

    ....

2. Entscheiden Sie sich für eine der Methoden, um Ihre geistlichen Gaben zu trainieren. Bleiben Sie bei Ihrer Entscheidung und beobachten Sie, inwiefern es sich auf Ihre Zuversicht und Effektivität auswirkt. Wie können Sie feststellen, dass Sie in Ihren Gaben wachsen?

    ....

    ....

    ....

3. Wovor fürchten Sie sich am meisten, wenn Sie erwägen, in der Fülle Ihrer Gaben zu leben? Was wollen Sie dagegen unternehmen?

    ....

    ....

    ....

Meditation

Wenn Sie ein Instrument spielen können, überlegen Sie einmal, wie Sie es erlernt haben. Selbst als begabter Musiker mussten Sie sicherlich vom ersten Tag an üben. Und Ihnen ist auch klar, dass Sie Ihr ganzes Leben lang besser werden können; es gibt nichts, was Sie nicht noch hinzulernen könnten. Im Grunde genommen waren es doch die Zeiten intensiver Übung (allein oder in der Gruppe), die Sie auf alles, was Sie spielen mussten, am besten vorbereiteten.

Versetzen Sie sich in eine Situation, in der Sie herausgefordert sind, Ihre geistlichen Gaben einzusetzen, während Sie sich mit biblischer Lehre füttern. Trainieren Sie Ihre Gaben. Versuchen Sie mal, ob Sie nicht einen geistlichen „Wachstumsschub" in sich auslösen können.

Kapitel 31

IM GRÜNLICHTBEZIRK

BILL JOHNSON

Viele Gläubige leben in der Vorstellung, dass Gott sie schon führen wird, sobald es für sie etwas zu tun gibt. Also warten sie, manchmal ihr ganzes Leben lang, ohne irgendeinen nennenswerten Eindruck auf ihre Umwelt zu hinterlassen. Ihre Philosophie lautet: Ich habe solange Rot, bis Gott auf Grün umschaltet. Und es wird nie Grün.

Der Apostel Paulus lebte im „Grünlichtbezirk" des Evangeliums. Er benötigte keine Zeichen vom Himmel, um der Schrift zu gehorchen. Als Jesus sagte: „Geh!", genügte das. Nur den Heiligen Geist benötigte er weiterhin, um über die Pläne des himmlischen Vaters auf dem Laufenden zu bleiben. Sein Herz schlug für Asien und er machte sich auf den Weg, um dort zu predigen. Aber der Heilige Geist führte ihn nicht, sondern stoppte ihn. Daraufhin wandte er sich nach Bithynien und wieder sagte der Heilige Geist nein. Dann träumte er von einem Mann, der ihn bat, nach Mazedonien zu kommen. Also ging er nach Mazedonien, um dort das Evangelium zu predigen. Das ist eine wundervolle Geschichte über die Führung Gottes (siehe Apostelgeschichte 16, 6-10). Doch wie leicht übersieht man den Kern dieser Geschichte. Paulus konnte deshalb gehorsam sein, weil er bereits in Bewegung war, um das Evangelium in die

Welt zu tragen. Hier kommt ein Sprichwort ins Spiel: Ein Auto lässt sich im Fahren leichter lenken als im Stand. Paulus hatte sich dem Lebensstil des *Gehens* verschrieben, und dies versetzte ihn in die Lage, jeder Richtung zu folgen, die Gott ihm wies. Der Heilige Geist wollte verhindern, dass er bestimmte Orte zur falschen Zeit aufsuchte.

Offenbarungen sind keineswegs dazu da, um uns schlauer zu machen. Die Erkenntnisse, die man aus einer Begegnung mit Gott erhält, sind zwar eine wunderbare Sache, doch wenn Gott etwas offenbart, geht es Ihm in erster Linie um unsere persönliche Transformation und nicht um Information. Jede Offenbarung führt zu einer Begegnung mit Gott, und diese wiederum verändert uns für immer. Die Begegnungen können überwältigende Erlebnisse sein oder ein schlichtes Eintauchen in Seinen Frieden. Auf jeden Fall bilden sie Meilensteine auf dem „Dein Reich komme..."-Weg.

Ohne diese Begegnungen führen Offenbarungen zu Stolz. Aus diesem Grund warnte Paulus die Gemeinde von Korinth: „*Die Erkenntnis bläht auf,...*" (1. Korinther 8,1). Die tatsächliche Auswirkung auf unseren Verstand wird davon bestimmt, in welchem Maße wir transformiert werden. Offenbarungen sind dazu da, um das Spielfeld unseres Glaubens zu erweitern. Die Wahrheit aus einer Offenbarung bleibt solange ungeprüfte Theorie, bis sie durch vom Glauben gespeiste Erfahrungen real wird. Gott möchte, dass wir die Frucht der Offenbarung erleben, indem Menschen zum Beispiel geheilt werden. Er möchte nicht, dass wir die Offenbarung dazu benutzen, um eine Theorie über Heilung zu entwickeln. „Offenbarung" bedeutet „den Vorhang heben" oder „die Decke entfernen". Eine Offenbarung verschafft uns Zugang zu einer größeren Salbung, die jene

Wahrheit zu einem persönlichen Erlebnis und Lebensstil für uns macht.

Je größer die Wahrheit, umso größer ist die Salbung, die man braucht, um diese Wahrheit vor der Welt zu demonstrieren. Salbung kann nicht einfach vorausgesetzt werden, man muss ihr nachjagen (siehe 1.Korinther 14,1). Das Maß unserer Salbung verrät das tatsächliche Maß an Offenbarung, in dem wir leben.

Viele Leute kommen zu mir und wollen, dass ich für sie bete, damit Gott ihnen größere Offenbarungen schenkt. Es ist zwar immer eine Ehre, für andere zu beten, aber diese Menschen verstehen selten, wie und bei wem Offenbarungen auftreten. Das Folgende ist eine Reihe von praktischen Vorschlägen, wie man in dieser Fähigkeit wachsen kann.

Werdet wie die Kinder. Ein einfaches und demütiges Herz ist schon mal nützlich, um sich für das Reden Gottes zu qualifizieren; das Streben nach Tiefsinnigkeit dagegen ist reine Zeitverschwendung. Viele merken erst nach jahrelanger Lehre, dass das einfachste Wort oftmals auch das tiefgründigste ist. Jesus betete: *„Ich preise dich, Vater, Herr des Himmels und der Erde, daß du dies vor Weisen und Verständigen verborgen hast, und hast es Unmündigen geoffenbart."* (Matthäus 11,25)

Tut, was ihr wisst. Wer bereit ist, den Willen Gottes zu tun, erlangt Klarheit. Die Bereitschaft zum Gehorsam zieht Offenbarungen an, denn Gott, der ultimative Haushalter, sät Seine Kostbarkeiten nur in fruchtbaren Boden – in Herzen, die sich hingeben.

Lernt die biblische Kunst der Meditation. Biblische Meditation bedeutet eine gründliche Suche. Während religiöse Sekten das Entfernen aller Gedanken als meditatives Mittel anwenden, lehrt die Bibel, die Gedanken mit dem Wort Gottes zu füllen. Meditation erfordert Ruhe im Herzen und einen konzentrierten Geist. Meditation ist, wenn Sie im Innersten über ein Wort nachgrübeln und wie ein wissbegieriges Kind nach der Wahrheit forschen. *„Ich sann nach des Nachts; in meinem Herzen überlegte ich, und es forschte mein Geist."* (Psalm 77,7).

Lebt im Glauben. Wer bei der Erfüllung seiner Pflichten im Glauben lebt, ist bereit für mehr. Das Licht der Herrlichkeit Christi kommt zu jedem, der Glauben zeigt (siehe 2.Korinther 4,4).

Schafft euch ein verständiges Herz. Ein verständiges Herz ist eine gute Grundlage, um etwas Neues zu bauen. Gott belohnt in Seiner Weisheit all jene mit neuen Einsichten, die die Grundprinzipien einhalten. Das verständige Herz besitzt für Offenbarungen einen „Schlitz zum Einwurf", sodass diese nicht wie verschüttetes Saatgut verlorengehen. *„...für den Verständigen ist Erkenntnis ein Leichtes"* (Sprüche 14,6).

Schenkt Gott eure Nächte. Ich versuche jeden Tag damit zu beschließen, dass ich die Aufmerksamkeit meines Herzens völlig auf den Heiligen Geist lenke. Es ist wundervoll, auf diese Weise schlafen zu gehen. Das Hohelied drückt es poetisch aus: *„Ich schlief, aber mein Herz war wach."* (Hohelied 5,2). Gott liebt es, nachts mit uns über Dinge zu sprechen, für die wir tagsüber nicht so empfänglich wären (siehe Hiob 33, 15-16).

Gebt, was ihr bereits habt. Beständiges Geben ist ein sicherer Weg, um mehr zu bekommen. Wenn uns der geistliche Dienst an einem bestimmten Punkt „über den Kopf" wächst, dann holt Gott aus den Tiefen unseres Herzens Erkenntnisse hervor, die noch nicht den Weg in unser bewusstes Denken gefunden haben (siehe Sprüche 20,5).

Freundet euch mit Gott an. Gott teilt Seine Geheimnisse mit Seinen Freunden.

Zum Nachdenken

1. Welche Erkenntnis bzw. Offenbarung haben Sie zuletzt von Gott empfangen? Welche Idee kam Ihnen dabei? Was haben Sie aus dieser Idee bisher gemacht? Wie verbinden Sie sie mit dem Glauben? Wie wirkt sie sich auf Ihre Umwelt aus?

   ....

   ....

   ....

2. Leben Sie im „Grünlichtbezirk"? Woran merken Sie das?

   ....

   ....

   ....

3. Wenn Gott Ihnen Erkenntnisse schenkt, wie können Sie die Fallgrube des Stolzes umgehen?

   ....

   ....

   ....

Meditation

Von Gott zu hören, gehört zu den größten Freuden des Lebens. Da gibt es keine Kehrseite. Doch die Übermittlung hat ihren Preis. Sie verlangt zum einen, dass man Gott mit aller Kraft sucht, und zum anderen, dass man seine eigenen Pläne zurückstellt.

Falls Ihre Begeisterung für die Offenbarungen Gottes nun einen Dämpfer erhalten hat, weil Sie von den Kosten gelesen haben, dann fragen Sie Ihn, was Sie ändern müssen und wie Sie in den „Grünlichtbezirk" gelangen. Wie können Sie Ihr Herz zu einem besseren Boden für Seine Erkenntnisse machen?

Wenn Sie meinen, dass Sie Gott bereits grünes Licht gegeben haben, machen Sie sich bereit für mehr. Bitten Sie Ihn zum Beispiel ausdrücklich darum, Ihnen nachts durch Visionen und Träume zu dienen. Bitten Sie Ihn um mehr Glaube für das, was Er Ihnen schon gezeigt hat.

Kapitel 32

WAHRE DEMUT

KRIS VALLOTTON

Wahre Demut bedeutet nicht fehlendes Selbstvertrauen, sondern beherrschte Kraft. Man kann nicht rein zufällig demütig sein; man muss es sich in seinem Herzen fest vornehmen, dass man niemals höher von sich denkt als man sollte. Demut ist eine Sache des Herzens.

Jesus Christus ist das beste Vorbild für Demut und Dienstbereitschaft. Er bezähmte Seine Kraft, indem Er sich Seiner Privilegien als Gott entledigte und die menschliche Begrenztheit annahm. Dennoch berichten die Evangelien, dass Jesus nicht immer als Vorbild für Demut wahrgenommen wurde. Er beleidigte regelmäßig die Pharisäer sowie Seine eigenen Nachfolger durch manche Bemerkung, die ihnen arrogant und blasphemisch vorkam und von der sie sich sehr getroffen fühlten. In Johannes 10, 31-33 erleben wir eine typische Reaktion:

Da hoben die Juden wieder Steine auf, daß sie ihn steinigten. Jesus antwortete ihnen: Viele gute Werke habe ich euch von meinem Vater gezeigt. Für welches Werk unter ihnen steinigt ihr mich? Die Juden antworteten ihm: Wegen eines guten Werkes steinigen wir dich nicht, sondern wegen Lästerung, und weil du, der du ein Mensch bist, dich selbst zu Gott machst.

Der springende Punkt ist, dass die Empfindung anderer Menschen nichts darüber aussagt, ob eine Person wirklich demütig ist. Bei der Demut geht es darum, wie man zu Gott steht und wie Er uns Menschen sieht. Demut ist ein Nebenprodukt des Glaubens und Verständnisses darüber, wer Gott ist und wer wir in Ihm sind. Wir können ein Volk der Demut sein und gleichzeitig selbstbewusst unsere Identität leben. Leider betrachten unsichere Menschen auch diese Art von Selbstsicherheit als Arroganz.

Demut ist eine Entscheidung, und die beste Art, sich zu entscheiden, ist der Glaube an das, was Gott über uns sagt. Wenn wir aufgrund der Worte, die wir von unserem Vater gehört haben, vorwärts gehen, werden wir entdecken, was wirklich in uns steckt, und folglich auch lernen, wie man seine Kraft beherrscht. Glaube ist die demütigste Eigenschaft, die wir in unserem Leben kultivieren können.

Johannes der Täufer ist ein großartiges Beispiel für Demut. Er war ein bedeutender Mann, und auch Jesus lobte ihn und erklärte, dass *„unter den von Frauen Geborenen … kein größerer aufgestanden"* sei als er (siehe Matthäus 11,11). Er wusste, wer er war, und erfüllte mutig und treu seinen göttlichen Auftrag, dem Herrn den Weg zu bereiten. Doch in dem Moment, da Christus offenbar wurde und zu wirken begann, trat Johannes bereitwillig zur Seite. Er sagte: „*Er muß wachsen, ich aber abnehmen"* (Johannes 3,30). Hat Johannes sich mit dieser Aussage selbst herabgestuft? Nein, denn das hatte er nicht nötig. Er sprach nur eine Tatsache aus – wenn Jesus wächst, wird alles andere kleiner. Man muss sich nur im richtigen Licht betrachten, um wahrhaft demütig zu sein.

Bis hierher haben wir unsere Bedeutung in Zusammenhang mit Gott betrachtet. Wir müssen uns aber auch vor Augen führen, welche Aufgabe sie erfüllt. Gott hat der

Kirche eine große Berufung gegeben, die große Menschen braucht. Solange wir unsere Bedeutung nicht erkennen, werden wir dieser Berufung nicht gerecht. Unsere Armenmentalität und falsche Demut haben viel dazu beigetragen, dass unsere Vision für den Einfluss, den wir in der Welt ausüben sollen, kleiner und die Kirche somit ineffektiv geworden ist.

Wir alle kennen Menschen, die arrogant und geltungsbedürftig sind. Einige von ihnen haben ihre Talente durch harte Arbeit und Zielstrebigkeit entfaltet und dadurch in manchen Bereichen des Lebens wahre Größe erlangt. Das Tragische daran ist nicht, dass diese Männer und Frauen ihre Erfolge ganz auf sich beziehen, sondern dass ihre Größe nicht der göttlichen Bestimmung dient, für die sie geschaffen wurden. Können Sie sich vorstellen, wie unsere Welt aussähe, wenn jedes menschliche Talent und jede menschliche Begabung dem Lob und der Herrlichkeit Gottes diente? Das Wissen von der Herrlichkeit Gottes würde die Erde bedecken wie das Wasser den Meeresgrund (siehe Habakuk 2,14).

Im Gleichnis von den Talenten (siehe Matthäus 25, 14-30) waren diejenigen Knechte erfolgreich, die verstanden hatten, dass ihr Herr ihnen etwas von seinem Reichtum anvertraute, damit sie es vermehrten. Und genau das sollen wir auch in Bezug auf unsere Bedeutung verstehen, die Gott in uns hineingelegt hat. Die Frage nach dem Stolz wird sich erst gar nicht stellen, solange wir die Verantwortung, die damit einhergeht, tatsächlich begreifen und annehmen. Stattdessen werden wir alles, was uns gegeben ist, besonnen, diszipliniert und leidenschaftlich entfalten, um unsere Berufung zu erfüllen.

Der Preis, den Jesus am Kreuz bezahlte, bestimmt den Wert der Menschen, die Er mit Seinem Blut erkauft hat.

Wir sind dazu geschaffen, an Gottes Herrlichkeit teilzuhaben und Ihn gleichzeitig zu verherrlichen. Denn wer ist schließlich größer – ein König, der über einen Haufen Dummköpfe herrscht, oder ein König, der eine bedeutende Armee von tapferen Soldaten anführt, die stolz darauf sind, ihrem König zu dienen? Ist es nicht so, dass ein König im Grunde durch die Großartigkeit seiner Untertanen Ruhm gewinnt?

Obwohl Davids Armee keineswegs mächtig war, wurden die Männer von seiner Größe emporgehoben, und zwar so weit, dass 37 von ihnen mit Namen und Heldentaten in der Bibel verzeichnet sind (siehe 2. Samuel 23,8-39). Dabei waren sie zu Anfang eine Armee von Verlierern gewesen:

Und es sammelten sich um ihn lauter Bedrängte und solche, die verschuldet waren, und andere mit erbittertem Gemüt. Und er wurde ihr Anführer. Und es waren bei ihm etwa vierhundert Mann. (1.Samuel 22,2)

Im Neuen Testament wiederholt sich dieses Szenario mit Jesus und den Jüngern. Sie stießen als einfache Arbeiter mit begrenztem geistlichen Horizont zu Jesus. Und unter Ihm stellten sie dann die Welt auf den Kopf (siehe Apostelgeschichte 17,6). Er bildete sie in allem aus, was Er selbst tat, und prophezeite ihnen, dass sie noch größere Werke vollbringen würden als Er.

Ihre Bedeutung bezogen sie direkt von oben. Ihre Demut hingegen bezogen sie nicht aus der Selbsterniedrigung sondern daraus, dass sie ihren Anführer verherrlichten.

Zum Nachdenken

1. Warum ist es demütig, zu glauben, was Gott über uns sagt?

   ....

   ....

   ....

2. Die Tatsache, dass Jesus Christus sich selbst demütigte und Mensch wurde, bedeutete offensichtlich nicht, dass Er niemals Stärke und Mut bewies. Was heißt es demnach, seine Kraft zu beherrschen?

   ....

   ....

   ....

3. Ist Ihnen das Großartige an Ihrer Berufung bewusst, die Gott auf Ihr Leben als Sohn bzw. Tochter gelegt hat, oder haben Sie eher das Gefühl, dass Sie keine bedeutende Person sein können oder sollten? Wie hat die Armenmentalität Ihre Vision für den Einfluss, den Sie auf die Welt haben können, reduziert?

   ....

   ....

   ....

Meditation

König David machte folgende Aussage: *„In dem Herrn soll sich rühmen meine Seele; hören werden es die Sanftmütigen und sich freuen."* (Psalm 34,3). Wir sind diese Zeile schon so gewöhnt, dass wir überhaupt nicht mehr über die Unvereinbarkeit zwischen Angeberei und Demut nachdenken. Dabei geht aus ihr ganz klar hervor, dass das Rühmen – im Herrn – tatsächlich ein Ausdruck echter Demut sein kann. Es kommt nur darauf an, worin wir uns rühmen.

Beginnen Sie gleich jetzt damit, sich im Herrn zu rühmen. Beten Sie Ihn an, mit Ihren eigenen Worten und unter Verwendung von Psalmversen. Verkünden Sie Seine Größe. Richten Sie Ihr Herz ganz auf Ihn aus, anstatt auf sich selbst, und genießen Sie die Freiheit der Demut.

Kapitel 33

GOTT HÖREN, IST NICHT SCHWER
KEVIN DEDMON

Für viele Christen erscheint der Gedanke, dass man Gott direkt hören kann, äußerst befremdlich. Gleichzeitig haben dieselben Christen kein Problem damit, sich an Gott zu wenden und davon auszugehen, dass Er all ihre Gebete erhört. Es fällt ihnen lediglich schwer zu glauben, dass sie Seine Antwort persönlich hören können. Unglücklicherweise bedeutet dies, dass viele Christen ihr „Hören von Gott" auf die Erkenntnisse reduzieren, die sie aus der Bibel beziehen. Hinzu kommt, dass wegen der „Spinner", die behaupten, Gott zu hören, aber deutlich erkennbar aus anderen Quellen schöpfen, manchen der Gedanke Angst einflößt, dass Gott zu den Einzelnen spricht.

Persönlich von Gott zu hören ist vollkommen biblisch. Moses hatte zum Beispiel eine Unterhaltung mit Gott am brennenden Busch und erhielt genaue Anweisungen, wie die Israeliten aus der ägyptischen Gefangenschaft befreit werden sollten (siehe 2.Mose 3). Gideon schöpfte wieder Mut, als der Engel des Herrn seine wahre Identität ausrief und ihm sozusagen durch die „Wolle" bestätigte, dass er seinen Auftrag gegen die Midianiter erfüllen würde (siehe Richter 6, 11-40). Paulus hörte die Stimme Jesu auf der Straße nach Damaskus und Petrus wurde von Jesus in Bezug auf reine und unreine Tiere neu belehrt (Apostelgeschichte 10).

Jesus versprach:

Wenn aber jener, der Geist der Wahrheit, gekommen ist, wird er euch in die ganze Wahrheit leiten; denn er wird nicht aus sich selbst reden, sondern was er hören wird, wird er reden, und das Kommende wird er euch verkünden." (Johannes 16,13).

Durch den Heiligen Geist, der uns gegeben ist, erfahren wir die Pläne und Anliegen des Vaters. Er tut dies durch Visionen, Träume, prophetische Worte, Worte der Weisheit und Worte der Erkenntnis (siehe 1.Korinther 12).

Gott zu hören, ist nicht schwer. Manchmal hören wir Ihn, ohne dass wir es merken. So erging es Samuel im Tempel. Dreimal rief Gott seinen Namen und jedes Mal lief er zu Eli, dem Hohepriester, weil er dachte, dass dieser nach ihm gerufen hätte.

Ich glaube, dass Gott öfter zu uns allen spricht, als uns bewusst ist. Ich bin häufig bei verschiedenen Gemeinden zu Gast, um die Menschen zu einem natürlich übernatürlichen Leben anzuregen und auszurüsten. In einer Gemeinde, die ich über das Wochenende besuchte, rief ich einmal das Leiterteam nach vorne, damit es Worte der Erkenntnis für Heilung aussprach. Es gab deren viele und mehrere Menschen wurden geheilt, während die Worte ausgesprochen wurden.

Schließlich kam einer der führenden Leiter an die Reihe und ich bat ihn, ein Wort der Erkenntnis auszusprechen. „Ich habe keines", entgegnete er.

„Natürlich hast du eines", ermutigte ich ihn.

„Nein, wirklich nicht."

„Dann erfinde eines", verlangte ich.

Die Versammlung schnappte nach Luft und der Mann sah mich ungläubig an. „Das ist ein Witz, oder?"

„Nein, ich meine es ernst. Erfinde eines", drängte ich. Ich wollte zeigen, dass das Hören von Gott viel einfacher ist als die meisten sich vorstellen können.

Mit einem deutlich fassungslosen Ausdruck im Gesicht schnappte er nach dem ersten Gedanken, der ihm einfiel, und stieß hervor: „OK, jemand hier hat Schmerzen im Unterleib und ihm ist sehr übel." Im Nu hoben fünf Leute die Hand und wurden auf der Stelle komplett geheilt. Die Gemeinde brach in Lobpreis aus, als die Betroffenen ihre Heilung durch ein öffentliches Zeugnis bestätigten.

Die Aussage, dass unsere Gedanken nicht Seine Gedanken sind, stammt aus dem Alten Testament und bezieht sich auf ein rebellisches Israel, welches vom Propheten inständig angefleht wurde, Buße zu tun (siehe Jesaja 55,8). Für den gehorsamen Christen müsste dieser Satz in „Unsere Gedanken *sind* Seine Gedanken" verwandelt werden. Die Bibel stellt eindeutig klar: Es ist das Denken des Ungläubigen, das so verwerflich ist (siehe Römer 1,28), und diese Gesinnung bedeutet Feindschaft gegen Gott (siehe Römer 8,7). Der Gläubige, der Christ jedoch ist dazu aufgefordert, sich durch die Erneuerung seines Sinnes verwandeln zu lassen (Römer 12,2).Darüber hinaus bekräftigt Paulus in 1.Korinther 2,16: „*Wir aber haben Christi Sinn.*"

Zweimal im Jahr treffen sich bei uns Pastoren und Leiter zum „*Pastors'/Leaders'Advances*", einer dreitägigen Veranstaltung, zu der wir auch die Studenten unserer *School of Supernatural Ministry* hinzuziehen, die im zweiten Jahr sind. Sie haben gelernt, die Stimme des Herrn zu hören, und sollen über diese Leiter prophezeien. Jeweils zwei dieser Studenten und ein Schüler aus unserer christlichen *Junior High School* bilden ein Team und beschäftigen sich mit jedem Leiter zehn Minuten lang. Die gesamte Session dauert zwei Stunden. Bei einem dieser Anlässe bekamen zwei unserer Studenten einen 12 jährigen Jungen zugeteilt. Bei jedem Leiter, der sich vor ihnen aufstellte, schauten sich die zwei Studenten an und fragten sich gegenseitig, ob sie ein „Wort" hätten. Jedes Mal fielen ihre Antworten negativ aus, sodass sie sich an den Jungen wandten, der dann ausführliche und ermutigende „Worte" hervorbrachte. Als die Session zu Ende war, äußerten die beiden Studenten ihre Verwunderung über die Fähigkeit des Zwölfjährigen. Sie fragten ihn, wie lange er schon prophezeien würde, weil sie ihn für sehr erfahren darin hielten, und er antwortete, dass dies sein erstes Mal gewesen sei. Schockiert wollten die *Supernatural Ministry* Studenten nun wissen, woher er denn die vielen Worte hatte – Worte, die bis ins Detail gegangen sind und für die Leiter so ermutigend gewesen waren. Daraufhin antwortete er nur schlicht: „Mein Lehrer hat mir gesagt, dass ich heute prophezeien würde, und da habe ich mir gedacht, da ich Gottes Werk tue, wird jeder Gedanke, den ich dann haben werde, von Gott sein. Und so habe ich jedes Mal, wenn ihr mich gefragt habt, einfach das gesagt, was mir als Erstes einfiel." Auf diese Weise erhielten die beiden *School of Supernatural Ministry* Studenten im Handumdrehen eine Leben verändernde Offenbarung in Bezug darauf, wie leicht es ist, die Stimme Gottes zu hören.

Wer beherzter auf die „Worte der Erkenntnis" zugreifen und darin aktiv werden möchte, muss:

1. Lernen, seinen „erneuerten" Sinn, welcher ist Christi Sinn, zu benutzen.

2. Wie Samuel die Stimme Gottes erkennen können.

3. Mutig aussprechen, was er gehört hat, und abwarten, ob es einem anderen Menschen hilft.

Zum Nachdenken

1. Wie oft haben Sie in letzter Zeit Worte von Gott empfangen, die Sie an andere Menschen weitergegeben haben? Wie oft, denken Sie, haben Sie Ihn überhaupt gehört? Wie oft würden Sie *gerne* von Ihm hören? Glauben Sie, dass Sie Ihn häufiger hören könnten, als Sie es bisher gewohnt waren?

   ....

   ....

   ....

2. Haben Sie schon einmal ein Wort von einem „Spinner" bekommen? Sind Sie deshalb „etwas vorsichtiger" geworden? Wie sollten Sie mit so einer Situation umgehen? Ist es richtig, vorsichtiger zu werden?

   ....

   ....

   ....

3. Haben Sie schon einmal zu einer Person etwas gesagt, von dem sie dachten, dass es ein Wort von Gott ist, und sind damit auf heftigen Widerstand bzw. Ablehnung gestoßen? Glauben Sie im Nachhinein, dass Sie einen Fehler gemacht haben (was ja normal ist), oder dass das Wort wirklich gut war und exakt zutraf? War es ermutigend? Haben Sie Gott nach bestem Vermögen zugehört? Was, glauben Sie, sollen Sie nach dem Willen Gottes mit dieser Erfahrung machen?

....

....

....

Meditation

Besonders wenn Sie von Leuten umgeben sind, die Gott hören, werden Sie auf Seine Stimme nicht so horchen, wie Sie es eigentlich könnten. Vielleicht denken Sie sogar: „Jemand mit mehr Mut und Erfahrung wird das Wort sowieso bekommen. Daher muss ich mich nicht bemühen. Wenn ich es täte, würde ich es eher vermasseln."

Hören Sie, nachdem Sie dieses kurze Kapitel gelesen haben, Gott mehr als vorher? Glauben Sie, dass Sie Christi Sinn haben? Legen Sie das Buch zur Seite und hören Sie Ihm jetzt zu.

Kapitel 34

GOTT VERBIRGT DINGE FÜR SIE, NICHT VOR IHNEN

BILL JOHNSON

Jesus ist das Wort Gottes. Es geht also kaum, dass Er nichts zu sagen hat. Wir erleben hin und wieder Zeiten, in denen wir das Gefühl haben, dass Gott nicht zu uns spricht. Meistens hat Er jedoch nur die Sprache gewechselt und erwartet von uns, dass wir uns Ihm anpassen.

Die hörbare Stimme des Vaters kam vom Himmel, während Jesus predigte:

> *Vater, verherrliche Deinen Namen! Da kam eine Stimme aus dem Himmel: Ich habe ihn verherrlicht und werde ihn auch wieder verherrlichen. Die Volksmenge nun, die dastand und zuhörte, sagte, es habe gedonnert; andere sagten: Ein Engel hat mit Ihm geredet. (Johannes 12, 28-29)*

Die Leute bestätigten, dass sie etwas gehört haben, doch keiner wusste, was es war. Weder erkannten sie, dass es Gottes Stimme war; noch kam es ihnen in den Sinn, dass dieses außergewöhnliche Ereignis eine Bedeutung für ihr Leben haben könnte. Jesus reagierte auf ihren Unglauben, indem Er sagte: „*Nicht um meinetwillen ist diese Stimme geschehen, sondern um euretwillen.*" (Johannes 12,30) Gott redete, um allen, die zuschauten, einen Ausweg aus dem Lebensstil des Unglaubens zu ermöglichen, doch durch ihre verhärteten Herzen wurde das Gehörte für sie unverständlich. Manche dachten, es sei Donner – ein distanziertes Naturereignis. Andere glaubten, dass es vielleicht ein Engel war – geistlich, aber nicht unbedingt für sie bestimmt.

Unglaube kann sich als Weisheit tarnen, und es muss aufgedeckt werden, was für eine große Sünde er ist. Unglaube ist der äußeren Erscheinung nach ein konservativer Lebensansatz, doch er führt dazu, dass Gott dem prüfenden Blick und der Kontrolle von Menschen unterworfen wird. Er wird von der Meinung anderer genährt, während er sich selbst dafür rühmt, dass er nicht in Extreme verfällt, in die andere sich verrannt haben. Warum muss ich so vielen Christen beweisen, dass Gott wirklich das getan hat, was sie Ihn haben tun sehen? Selbst wenn die Wunder sich vor ihren Augen abspielen, wollen sie immer noch Arztberichte und Röntgenbilder sehen, bevor sie Gott irgendwie die Ehre geben. Wir sehen einen leeren Rollstuhl, der von seinem früheren Benutzer geschoben wird; oder eine zuvor depressive Person, die jubelt; oder eine ehemals taube Person, die Gott für jedes Geräusch lobt, das sie jetzt hören kann – und der Beobachter fordert noch Beweise dafür, dass es sich dabei tatsächlich um ein Wunder handelt! Mir ist bewusst, dass es auch Quacksalber gibt. Doch die angestrengten Bemühungen, uns selbst vor einem Betrug zu schützen, sind doch mehr ein Zeichen unseres Unglaubens als unserer Weisheit.

Das Herz beständigen Glaubens hängt sich an Gott, erwartet Sein Reden und hält nach Seinem nächsten Schritt Ausschau. Wir können wie Jesus sagen: *„Meine Speise ist, dass ich den Willen dessen tue, der mich gesandt hat, und Sein Werk vollbringe."* (Johannes 4,34) Ich werde gestärkt und ernährt, wenn ich höre, wie Gott spricht, und Ihm dann gehorche. Es ist ein grundlegender Bestandteil des Lebens als Christ, dass man etwas von Gott hört, denn *„nicht von Brot allein soll der Mensch leben, sondern von jedem Wort, das durch den Mund Gottes ausgeht"* (Matthäus 4,4). Seine Stimme ist unser Leben.

Wir können in unserem Leben vom Tisch der öffentlichen Meinung essen, wo das Essen süß ist, aber dann im Magen versauert. Wir können den Tisch der persönlichen Errungenschaften wählen, der mit Sicherheit eine kräftige Mahlzeit bietet, jedoch auch einen ebenso schnellen Abstieg. Es gibt nur einen Tisch, dessen Speise reichhaltig und ausgeglichen ist und uns übernatürliche Kraft gibt: der Tisch des Willens Gottes. Die Schönheit Seines Willens ist denen verborgen, die die Sprache des Geistes nicht kennen.

Es ist lebensnotwendig zu lernen, wie Gott spricht. Seine Muttersprache ist nicht Englisch. Es ist übrigens auch nicht Hebräisch. Er bedient sich zwar der Sprache von Menschen um zu kommunizieren, doch Er tendiert auch dazu, durch ganz unterschiedliche Art und Weise zu sprechen. Das Folgende ist eine unvollständige Liste; sie repräsentiert die begrenzten Entdeckungen, die ich während meines eigenen Abenteuers mit Gott gemacht habe:

Die Sprache der Schrift. Die Schrift ist die Grundlage für alles Hören der Stimme Gottes. Gott widerspricht Seinem Wort niemals, doch Er missachtet oftmals unser Verständnis von Seinem Wort. Denken Sie daran: Gott ist größer als Sein Wort. Die Bibel beinhaltet Gott nicht, sie offenbart Ihn.

Die Sprache der hörbaren Stimme. Wir können die hörbare Stimme mit unserem natürlichen Gehör vernehmen, während wir wach sind oder schlafen. Wir können sie jedoch auch mit unseren geistlichen Ohren hören. (Ich mache diese Unterscheidung, weil man sich im Nachhinein nicht immer daran erinnern kann, ob die Stimme laut oder innerlich war. Es ist jedoch weitaus mehr als ein „Eindruck". Es ist so deutlich, wie wenn man jemanden sprechen hört.)

Die Sprache der kleinen, leisen Stimme. Dabei handelt es sich um die leise Stimme oder den Eindruck im Herzen. Das ist wahrscheinlich die gewöhnlichste Art, wie Leute etwas von Gott hören. Wir können es lernen, diese Stimme von unseren eigenen Gedanken und Ideen zu unterscheiden. Mir hat einmal jemand gesagt: „Man weiß, dass man etwas von Gott gehört hat, wenn man einen Einfall hat, der besser ist als das, was man sich selbst hätte ausdenken können."

Die Sprache der Visionen. Sowohl das natürliche Auge als auch die Augen des Herzens empfangen Visionen. Die letztgenannten sind die Bilder in den Gedanken, die das visuelle Gegenstück zur kleinen, leisen Stimme sind – man kann sie ebenso leicht verpassen, wie man sie verstehen kann. Sie kommen in unser Blickfeld, wenn wir uns „an Gott hängen".

Die Sprache der Träume. Natürlich haben wir Träume meistens nachts. Doch es gibt auch eine Form von Träumen, die dem Tagtraum gleicht. Diese werden eher ignoriert, weil sie scheinbar „nur in meiner Einbildung" passieren. In ihrer intensiveren Form gleichen sie eher einer Trance.

Die Sprache der Rätsel (siehe Sprüche 1,6). Gott spricht manchmal zu uns, indem Er Wahrheiten in Sprüchen, Gleichnissen, Rätseln, ungewöhnlichen Zufällen und Umständen versteckt. Wir müssen dann die Bedeutung herausfinden. Wenn wir uns an Gott halten, wird es immer leichter zu unterscheiden, ob diese Umstände von Gott kommen oder bloß außergewöhnliche Ereignisse in unserem Leben sind. Diese einzigartige Sprache Gottes ist Seine Einladdung, uns auf Sein Abenteuer einzulassen.

Wenn wir das richtige Herz und die Fähigkeit haben, die Sprachen Gottes zu hören und zu verstehen, werden wir mit dem grenzenlosen Potenzial ausgestattet, die Ressourcen des Himmels auf die bedürftige Erde zu bringen.

Zum Nachdenken

1. Erklären Sie, warum diese Aussage stimmt: „Das hungrige Herz hört am besten."

....

....

....

2. Wie hören Sie am ehesten Gottes Stimme? Welche Seiner „Sprachen" haben Sie erlernt? Können Sie auf eine weitere Sprache Gottes kommen, die nicht in diesem Kapitel enthalten ist?

....

....

....

3. Sind Sie schon einmal in die Falle getappt, dass sich Unglaube als Weisheit ausgegeben hat? Was haben Sie dagegen unternommen?

....

....

....

Meditation

Während Sie diese Worte *lesen, spricht* Gott zu Ihnen. Was glauben Sie, was Er zu Ihnen sagt (das soll jetzt nicht irgendwie unheimlich wirken)? Halten Sie diesen Gedanken fest und lauschen Sie weiter. Was glauben Sie jetzt, was Er über das sagt, was Sie dachten, was Sie von Ihm gehört haben? Hören Sie richtig hin und erwarten Sie, dass Er Sie mit etwas Herrlichem überrascht.

Halten Sie an dem fest, was Er Ihnen gerade gesagt hat. Bitten Sie Ihn, es wenn nötig noch auszubauen. Bitten Sie Ihn, Ihren Glauben und Ihre Erwartungen zu formen, wie ein Töpfer ein Gefäß formt. Er möchte Ihre Fähigkeit erweitern, sodass Sie Seine Stimme bei Tag oder bei Nacht, in voller Lautstärke oder ganz leise, in einer Menschenmenge und wenn Sie alleine sind, hören können.

Kapitel 35

WENN ES IHNEN WICHTIG IST, IST ES AUCH IHM WICHTIG

BILL JOHNSON

Vielleicht haben Sie das schon einmal gehört: „Gott kommt an erster Stelle, die Familie an zweiter und die Gemeinde an dritter." Diese inoffizielle Rangliste ist wichtig, weil sie uns dabei hilft, in unserem Leben als Christ die richtigen Prioritäten zu setzen. Ich habe viele Tragödien in Pastorenfamilien mitbekommen, weil sie diese Prioritäten des Lebens im Königreich Gottes nicht beachtet haben. Doch so gut diese Liste auch sein mag, glaube ich doch nicht, dass sie eigentlich zutreffend ist. Wenn Gott die Nummer eins ist, gibt es keine Nummer zwei.

Aus meiner Liebe zu Gott heraus gebe ich mich meiner Frau und meinen Kindern hin. Das geschieht nicht losgelöst vom Herrn, sondern für Ihn. Es ist nicht so, dass ich meine Frau nicht lieben kann, wenn ich Gott nicht liebe – viele Ungläubige machen das sogar ziemlich gut. Doch wenn ich Gott kenne und liebe, wird in mir ein Maß einer übernatürlichen Liebe freigesetzt, das ohne Gott nicht erreicht werden kann. Jeder, der sich ganz Gott hingegeben hat, sollte andere mehr lieben, als er es je für möglich gehalten hätte.

Aufgrund meiner Leidenschaft für Jesus liebe ich die Gemeinde so, wie ich es tue. Meine Liebe zu Gott ist meine Liebe zum Leben. Sie können nicht voneinander getrennt werden. Wenn ich meine Familie, meine Gemeinde, meinen Dienst etc. liebe, ist das ein Ausdruck meiner Liebe zu Gott, der die Nummer eins und der Einzige ist.

Religion zerstört diesen Zusammenhang, weil sie vorgibt, dass nur offenkundig geistliche Aktivitäten als Dienst für Gott gewertet werden können. Religion bringt uns wieder zu der Denkweise zurück, dass es einen geistlichen und einen weltlichen Teil in unserem Leben als Christ gibt. Jemand, der dieses zweigeteilte Leben lebt, braucht eine Prioritätenliste um zu überleben. Sein Verständnis von Gott erlaubt ihm eigentlich nicht, dass er eine Leidenschaft für etwas hat, das nicht als christliche Disziplin angesehen wird.

Wir brauchen eine Veränderung in unserem Denken, indem wir erkennen, dass die Leidenschaft für Gott eine Leidenschaft für andere Dinge hervorbringt. Wir sollten sie nicht als etwas erleben, das mit unserer Hingabe an Gott konkurriert, oder sich davon abhebt. Johannes schrieb, dass unsere Liebe zu Gott an unserer Liebe zu den Menschen gemessen wird (siehe 1. Johannes 4,20). Das ist solch ein grundlegendes Prinzip, dass Gott sogar sagt, dass wir Ihn nicht lieben, wenn wir andere nicht lieben. Im Fahrwasser unserer Leidenschaft für Gott wird unsere Leidenschaft für Menschen und Dinge geschaffen. Oftmals beweisen und verdeutlichen wir unsere Liebe zu Gott, indem wir uns diesen Dingen widmen.

In meinem Fall ist meine Liebe zur Natur Teil meiner Hingabe an Christus. Während manche die Natur anbeten, bete ich den an, auf den sie hinweist: den Schöpfer. Meine Liebe zu meiner Familie, zum Jagen und Fischen, zu den Bergen und dem Meer, zu Füllfederhaltern und französischem Bohnenkaffee sind alle Teil davon, dass ich das Leben genieße. Und diese Freude wird einzig und allein aus der Beziehung zu Ihm heraus geboren. In der Schrift ist David als der „Mann nach dem Herzen Gottes" bekannt. Seine Leidenschaft für Gott scheint in der Schrift ohnegleichen zu sein. Und gleichzeitig verkörpert er auch eine Liebe zum Leben, der nichts gleichkommt. In Psalm 137 nennt er Jerusalem seine „höchste Freude". Wie kann er eine Stadt zum Gegenstand seiner Zuneigung machen? Sollte nicht Gott seine größte Freude sein? Dieses scheinbare Paradoxon verdeutlicht uns nur den Gedanken, dass wir geistliche Wahrheiten praktisch zum Ausdruck bringen müssen. Davids Liebe zu Gott musste zum Ausdruck kommen, und Jerusalem war für diesen Zweck perfekt geeignet.

Es ist durchaus möglich, andere Dinge über Gott zu setzen, doch es ist nicht möglich, Gott wertzuschätzen, ohne dass man auch andere Dinge wertschätzt. Das religiöse Denken lehnt alles ab, was nicht als heilig betrachtet wird, und schlägt einen klösterlichen Lebensstil als höchste Errungenschaft vor. Ich bewundere viele gläubige Mönche und Nonnen der Vergangenheit, doch ein solches Leben entspricht nicht dem Beispiel, das Jesus uns gegeben hat. Aus Seiner Sicht ist es die Bewährungsprobe für unsere authentische Liebe zu Gott, wie wir den Rest des Lebens verwalten.

Wie die meisten Leute habe ich auch eine Reihe von Dingen, für die ich bete. Sie spiegeln die Grundbedürfnisse und Wünsche in meinem Leben und im Leben derer, die ich liebe, wider. Auch wenn sie nicht auf dem Papier festgehalten sind, so stehen sie mir doch ins Herz geschrieben. Auf dieser Liste gibt es Dinge, die eine offensichtliche Bedeutung für die Ewigkeit haben: Gebet für unsere Städte, für die Errettung bestimmter Leute, für Heilung und Durchbrüche bei problematischen Fällen, für Versorgung (sowohl im Persönlichen als auch für die Gemeinde). Nach diesen dringenden Anliegen kommt der „Es wäre schön, wenn ..."-Teil der Liste. Er ist lang und die Punkte haben unterschiedliche Bedeutungsgrade.

Mir ist aufgefallen, dass Gott manchmal meinen Teil ganz oben auf der Prioritätenliste überspringt und direkt zum „Darum habe ich noch nicht einmal gebeten"-Teil übergeht, der sich irgendwo tief in meinem Herzen verborgen befindet. Bei einer solchen Begebenheit kam einmal ein Freund auf mich zu und fragte: „Hey, hättest du gerne einen Jagdhund?" Ich wollte schon immer einen wohlerzogenen Jagdhund haben, doch ich hatte weder Zeit noch Geld für solch einen Luxus. Und es stand auch gar nicht auf meiner Liste. Er fuhr fort: „Ein Hundetrainer schuldet mir einen großen Gefallen und meinte, dass er mir jeden beliebigen Hund besorgen könnte. Ich brauche nicht noch einen Hund. Also sag mir einfach, was für einen Hund du gerne hättest, und ich besorge ihn dir." Ich sollte also einfach so zum Besitzer eines Hundes werden, der nicht auf meiner Gebetsliste stand. Er stand nicht einmal auf der „Es wäre schön, wenn ..."-Liste. Er war mir nicht wichtig genug. Allerdings war es ein geheimer Herzenswunsch. Gott ließ all die Dinge beiseite, die von so großer Bedeutung für die Ewigkeit waren, und ging zu etwas Weltlichem und scheinbar Unbedeutendem über.

Zunächst war ich beleidigt. Es ist nicht so, dass ich undankbar war; im Gegenteil. Doch es ergab keinen Sinn. Ich hätte es lieber gehabt, wenn Er mich diesen Trumpf für etwas hätte ausspielen lassen, das mir wichtiger war. Es dauerte eine Weile, doch schließlich verstand ich es. Meine Bitten waren wichtig, doch meine Sichtweise auf Ihn war noch wichtiger. Genau da habe ich angefangen zu verstehen, dass das, was mir wichtig ist, auch Ihm wichtig ist. Das, was Er getan hat, zeigte mir mehr über meinen himmlischen Vater, als was ich gelernt hätte, wenn Er alle anderen Bitten auf meiner Liste beantwortet hätte.

Zum Nachdenken

1. Wie haben Sie Gott auf Ihre menschliche Denkweise über Prioritäten begrenzt? Fangen Sie an, Dinge in einem neuen Licht zu sehen?

....

....

....

2. Möchten Sie Ihre Annahmen und Entscheidungen neu ausrichten, wenn Sie erkennen, dass Sie manche Prioritäten falsch gesetzt haben? Wie gehen Sie vor? Wie können Sie sich in Seiner liebevollen Fürsorge entspannen?

....

....

....

3. Kennen Sie jemanden, der als Beispiel für ein reiches und erfülltes Leben mit Gott dient? Interessiert und begeistert sich diese Person für Dinge? Ist diese Person voller Lebensfreude? Lassen Sie sich durch das Beispiel einer solchen Person in größere Freiheit führen.

....

....

....

Meditation

Allzu oft beschränken die Menschen Gott auf bestimmte Prioritäten, weil sie tief in ihrem Inneren glauben, dass Seine Macht begrenzt ist. Das sieht man nicht so leicht, weil sie sich scheinbar so um das Wohlergehen anderer kümmern. Sie sagen: „Oh, mach dir keine Sorgen über meine chronische Krankheit. Bitte Gott stattdessen, mein Kind zu heilen." Wie wenn Gott keine Kraft oder Gnade mehr übrig hätte, wenn Er das Kind geheilt hat …

Er hat genügend Kraft um beide zu heilen! Wir haben nicht nur einen oder zwei Wünsche frei. Seine Gnade ist nicht irgendwann einmal zu Ende. Es ist keine entweder/oder-Situation. Ausserdem ist Sein Aufmerksamkeitshorizont so allumfassend, dass Er das Potential hat, allen menschlichen Wesen auf dem Planeten gleichzeitig Seine ungeteilte Aufmerksamkeit zu schenken. Ihm ist alles wichtig, was Ihnen wichtig ist. Lassen Sie es zu, dass Seine Fülle in Ihren Geist und Ihre Seele fließt.

Kapitel 36

DER NAME JESUS

KEVIN DEDMON

Ein Name ist viel mehr als nur ein Name. Ein grundlegender Schlüssel um die Heilungskraft Gottes freizusetzen ist in der Geschichte zu finden, in der Petrus einen gelähmten Bettler heilt (siehe Apostelgeschichte 3). Nachdem Petrus den Mann geheilt hatte, wandte er sich an die Zuschauermenge und erklärte ihnen die Quelle der Kraft, aus der diese Heilung floss. Er verkündete:

Und durch den Glauben an Seinen Namen hat Sein Name diesen, den ihr seht und kennt, stark gemacht, und der durch Ihn bewirkte Glaube hat ihm diese vollkommene Gesundheit gegeben vor euch allen. (Apostelgeschichte 3,16)

Das Geheimnis, mit dem Heilung in das Leben von Leuten gebracht wird, war und ist immer noch der Name Jesus. Bedauerlicherweise sind einige Leute in die Irre geleitet worden und haben die Vorstellung, dass alles geschieht, worum sie bitten, wenn sie an ihre Bitte nur die Floskel „Im Namen Jesu" anhängen. Manche handhaben diese Phrase, wie wenn sie ein Glücksbringer wäre: „Wenn ich nur ‚im Namen Jesu' sage, wird es schon passieren." Doch es ist wichtig zu verstehen, dass ein Name in der Schrift mehr ist als nur ein Name.

In der Bibel, besonders im Alten Testament, bezeichnete ein Name das Wesen, den Charakter, die Persönlichkeit und die Eigenschaften einer Person und machte auch ihre Verhaltensweisen vorhersehbar. Alle Namen, mit denen Gott bezeichnet wurde, stellten einen bestimmten Aspekt Seiner göttlichen Natur, Seines Charakters, Seiner Persönlichkeit und Seiner Eigenschaften dar. Zum Beispiel bedeutet Jahwe oder Jehova Rapha „der Herr, der heilt" (siehe 2. Mose 15,26). Dieses Prinzip kann nicht nur auf Gott, sondern auch auf andere angewendet werden. Der Name Jakob zum Beispiel bedeutet „Betrüger". In der Bibel sehen wir, dass Jakob in seinem Leben seinen Namen durch sein Verhalten ausgedrückt hat. Jakob betrog seinen Bruder Esau (siehe 1. Mose 27), indem er Esau des Familiensegens übervorteilte, was erforderlich machte, dass er zu seinem Onkel Laban floh. Während er dort Zuflucht suchte, bediente er sich betrügerischer Taktiken, um Labans Schafe zu stehlen, was ihn wiederum zwang zu fliehen (siehe 1. Mose 30-31).

Sogar Jakobs Söhne Simeon und Levi folgten seinem betrügerischen Verhalten, als ihre Schwester Dina von Sichem missbraucht wurde. Simeon und Levi boten ihm und seinem Vater Straffreiheit an, wenn sie einer Beschneidung aller männlichen Einwohner zustimmten. Als sie sich schließlich dem Eingriff unterzogen, wurden sie jedoch getötet, obwohl ihnen zuvor ein Versprechen gegeben worden war (siehe 1. Mose 34).

In 1. Mose 32 hatte Jakob einen Ringkampf mit Gott, der damit endete, dass Jakob mit einer Namensänderung gesegnet wurde. Gott sagte: „Nicht mehr Jakob soll dein Name heißen, sondern Israel[4]; denn du hast mit Gott und

---

4   wörtlich: „Herausforderer Gottes", einer, der mit Gott kämpft

mit Menschen gekämpft und hast überwältigt." (1. Mose 32,29) Gott bestätigte Jakobs neue Identität später, indem Er sagte: „Dein Name ist Jakob. Dein Name soll nicht mehr Jakob heißen, sondern Israel soll dein Name sein!" (1. Mose 35,10) Die Schlussfolgerung war, dass Jakob gesegnet wurde, weil er überwand.

Wenn wir den Rest der Geschichte Israels im Alten Testament lesen, sehen wir, wie die Nation Israel mit Gott rang und trotz ihrer Rebellion letztendlich gewann und gesegnet wurde. Sogar heute noch segnet Gott die Juden inmitten ihrer Bedrängnis und Verfolgung. Israel ist ihr Name. Deshalb geht es gar nicht anders, als dass sie gesegnet werden, weil es ihre Identität ist.

In die gleiche Richtung geht es auch bei den vielen Namen, mit denen der Feind beschrieben wird; der Name Teufel bedeutet „Auseinanderbringer". Das griechische Wort diaballo bedeutet, durch etwas mittendurch stoßen (dia=durch, und ballo=stoßen). Mit anderen Worten: etwas spalten oder teilen. Trennung ist das, was der Teufel bewirkt; das ist seine Identität. Man kann die Auswirkungen seines Namens überall sehen. Um seinen Willen durchzudrücken, fördert der Teufel Verleumdung, Fehlkommunikation, versteckte Anspielungen, Unterstellungen, Beleidigungen und andere entzweiende Taktiken, um das zu trennen, was Gott zusammengefügt hat.

Wenn wir auf eine Offenbarung von Gottes Namen in der Schrift stoßen, ist das gleichermaßen ein Ausdruck Seiner Natur, Seines Charakters, Seiner Persönlichkeit und Seiner Eigenschaften, durch die wir Sein Verhalten einschätzen können. Sein Name ist Seine Person. Sein Name ist, was Er tut und wie Er handelt. Sein Name ist Sein Wesen. Wenn also Sein Name Arzt ist, bedeutet das, dass Heilung

---

und gewinnt und deshalb gesegnet wird

Teil Seines Lebens ist, was sich durch Sein Verhalten aus-drückt. Darum können wir auch nie sagen, dass Gott will, dass jemand körperlich krank wird oder bleibt. Gott ist der Heiler, nicht der Zerstörer. Heilung zeigt, wer Er ist, und deshalb sehnt Er sich auch immer nach Heilung.

In dem Gebet, das Jesus Seinen Jüngern beigebracht hat, begann Er sie zu lehren, wie man betet: *„Unser Vater, der Du bist in den Himmeln, geheiligt werde Dein Name. "* (Matthäus 6,9) Wenn wir sagen „geheiligt werde Dein Name", bezeu-gen wir, dass Sein Wesen, Sein Charakter, Seine Persönlich-keit und Seine Eigenschaften mit nichts auf der Erde vergli-chen werden können. Mit anderen Worten: Nichts ist bes-ser als unser Vater im Himmel.

Ich vergleiche das gerne mit dem Unterschied zwischen Dosenfleisch und Filet Mignon. Unser Vater im Himmel ist wie ein perfekt gewürztes und gekochtes Filet Mignon. Selbst der beste irdische Vater ist dagegen wie Dosenfleisch. Manche lieben Dosenfleisch, weil sie noch nie etwas ande-res versucht haben. Manche essen aus dem Grund Dosen-fleisch, weil sie sich kein Filet Mignon leisten können, und ihren Geschmack dann dementsprechend angepasst haben. Ich habe beides probiert und habe eindeutig festgestellt, dass Filet Mignon „geheiligt" ist. Es ist abgesondert, geweiht und heilig. Nichts – und schon gar nicht Dosenfleisch – kann mit Filet Mignon mithalten; sie bewegen sich auf völ-lig unterschiedlichen Ebenen.

Genauso ist es mit dem Namen unseres Vaters. Sein Wesen, Sein Charakter, Seine Persönlichkeit und Seine Eigenschaften stehen über allem auf dieser Welt. Wenn wir beten „Unser Vater, der Du bist in den Himmeln, geheiligt werde Dein Name", oder wenn wir im Namen Seines Soh-nes Jesus für jemanden beten, dann beten wir, dass der ganze Ausdruck Seines Namens offenbart wird, sodass die Leute

sehen, dass Er unvergleichlich ist. Wir zapfen die Eigenschaften des Namensträgers an und erhalten Seine Bestäti-
gung und Seine Vollmacht.

Zum Nachdenken

1. Haben Sie „im Namen Jesu" als Floskel an Ihre Für-
    bitte-Gebete angehängt? Die meisten Christen haben
    das schon einmal getan. Jetzt ist es an der Zeit, zu einer
    neuen Ebene des Verständnisses aufzusteigen, warum
    Sie im Namen Jesu beten. Jetzt müssen Sie nicht mehr
    Seinen Namen anrufen, nur um sicherzugehen, dass Ihr
    Gebet „korrekt" ist.

    ....

    ....

    ....

2. Was ist die Bedeutung Ihres eigenen Namens? Lesen Sie
    es nach um sich sicher zu sein. Wie kann Ihr eigener
    Name Segen mit sich bringen?

    ....

    ....

    ....

Meditation

Sein Name spricht für sich und ist allmächtig.

Darum hat Gott Ihn auch hoch erhoben und Ihm den Namen verliehen, der über jeden Namen ist, damit in dem Namen Jesu jedes Knie sich beuge, der Himmlischen und Irdischen und Unterirdischen, und jede Zunge bekenne, dass Jesus Christus Herr ist, zur Ehre Gottes, des Vaters.
(Philipper 2,9-11)

Deshalb höre auch ich, nachdem ich von eurem Glauben an den Herrn Jesus und von eurer Liebe zu allen Heiligen gehört habe, nicht auf, für euch zu danken, und ich gedenke euer in meinen Gebeten, dass der Gott unseres Herrn Jesus Christus, der Vater der Herrlichkeit, euch gebe den Geist der Weisheit und Offenbarung in der Erkenntnis Seiner selbst. Er erleuchte die Augen eures Herzens, damit ihr wisst, was die Hoffnung Seiner Berufung, was der Reichtum der Herrlichkeit Seines Erbes in den Heiligen und was die überragende Größe Seiner Kraft an uns, den Glaubenden, ist, nach der Wirksamkeit der Macht Seiner Stärke. Die hat Er in Christus wirksam werden lassen, indem Er Ihn aus den Toten auferweckt und zu Seiner Rechten in der Himmelswelt gesetzt hat, hoch über jede Gewalt und Macht und Kraft und Herrschaft und jeden Namen, der nicht nur in diesem Zeitalter, sondern auch in dem zukünftigen genannt werden wird.
(Epheser 1,15-21)

Im Namen Jesu. Amen.

Kapitel 37

3EICHEN UND WUNDER AUF DIE STRASSE BRINGEN

BILL JOHNSON

Jesu vorrangiger Auftrag kann mit einem Satz zusammengefasst werden: *„Hierzu ist der Sohn Gottes offenbart worden, damit Er die Werke des Teufels vernichte."* (1. Johannes 3,8) Das war Jesu Aufgabe. Es war die Aufgabe der Jünger, und es ist auch Ihre Aufgabe. Als Gott Sie gerettet hat, tat Er das nicht nur mit der Absicht, Sie zu befreien und dann zu beschäftigen, bis Er Sie in den Himmel verfrachtet. Sein Plan war viel größer. Er hat Sie dazu beauftragt, den Willen Gottes – „wie im Himmel so auf Erden" - zu demonstrieren und dabei zu helfen, diesen Planeten in einen hellen Ort zu verwandeln, der von Seiner Kraft und Seiner Gegenwart durchtränkt ist. Das ist das Rückgrat des Missionsbefehls, und es sollte Ihr und mein Leben ausmachen.

In unserer Schule lehren wir die Leute über Zeichen und Wunder. Dabei wollen wir besonders lernen, wie man außerhalb der Kirchenmauern im übernatürlichen Bereich wirkt. Wir ermuntern unsere Schüler dazu, indem wir ihnen konkrete Aufgaben geben, bei denen sie Gott die Möglichkeit geben, an öffentlichen Orten zu wirken.

Einmal hat eine Gruppe von Schülern unserer Lobpreis-schule nach dem Unterricht eine alte Dame im Krankenhaus besuchet. Sie hatte einen Gehirntumor, war auf einem Ohr taub und hatte in ihrer rechten Körperhälfte kein Gefühl mehr. Sie konnte nur mit großen Schwierigkeiten sprechen, sprach die Worte sehr undeutlich aus und hatte schreck-liche Schmerzen. Anstatt ihr die Hände aufzulegen und für sie zu beten, stellten sich die Schüler um sie herum auf und beteten Gott an. Sie sangen Lieder und drückten ihre Liebe zum Herrn aus. Schon bald sagte die Frau: „Meine Ohren haben sich geöffnet!" Die Taubheit hatte sie verlassen. Sie sangen weiter, und sie sagte: „Meine Aussprache ist deut-licher!" Sie begann deutlich zu sprechen. Und bald darauf bewegte sie ihre Glieder. Sie rief: „Alle Schmerzen sind ver-schwunden!" Gott überholte ihren Körper, während um sie herum ein Anbetungsgottesdienst stattfand.

Wenn wir den Willen Gottes tun, bringen wir die Rea-lität des Königreiches Gottes mit, die mit den Werken des Teufels zusammenprallt. Wir initiieren einen Konflikt zwi-schen der Realität der Erde und der des Himmels und wer-den zur Brücke, die durch Gebet und radikalem Gehorsam die Herrschaft Gottes durchsetzt.

Vor nicht allzu langer Zeit kam eine Frau mit einem gebrochenen Arm in unsere Gemeinde. Ihr Handgelenk tat ihr so weh, dass wir nicht einmal ihre Haut berühren konn-ten als wir für sie beteten. Wir hielten unsere Hände von ihr fern und beteten, und innerhalb einiger Augenblicke heilte Gott den Arm vollständig. Sie hatte keine Schmerzen mehr und drehte ihr Gelenk ganz herum. Der Arm war völ-lig anders als nur wenige Sekunden zuvor. Die Realität des Königreiches hatte ein Werk des Teufels überwunden. Das ist das normale Christenleben.

Wir geben den Armen wöchentlich zu essen und haben außerdem jedes Jahr ein Fest, bei dem Familien der Gemeinde die Patenschaft für einen Tisch in unserer Sporthalle übernehmen und diesen weihnachtlich schmücken. Die Tische werden mit feinstem Porzellan und Silberbesteck gedeckt. Dann bringen wir die Bedürftigen mit dem Bus zu dieser Veranstaltung, die ihnen zu Ehren ausgerichtet wird. Im vergangenen Jahr haben wir ihnen Spare-Rips serviert. Wir begannen mit 34 Braten, mit denen wir in zwei Durchgängen je 500 Leuten satt machen wollten. Nachdem wir beim ersten Durchgang schon 19 Braten serviert hatten, wurde uns klar, dass die restlichen 15 Braten nicht für die 200 Mitarbeiter und die zweite Gruppe von 500 Leuten ausreichen würden. Wir trafen die Entscheidung, den Helfern nichts zu geben. Doch als sie zurück in die Küche gingen, waren es plötzlich 22 Braten. Es waren auf mysteriöse Weise sieben weitere aufgetaucht. Dann aßen sowohl die Mitarbeiter als auch die zweite Gruppe von Bedürftigen. Damit hätten unsere mysteriösen 22 Braten vertilgt sein müssen, doch nachdem alle gegessen hatten, waren noch 12 übrig! Die Brotvermehrung ist schon großartig, doch ich liebe es wirklich, wenn Spare Rips vermehrt werden!

Haben Sie es nicht auch satt, über ein Evangelium der Kraft zu reden, aber es nie in Aktion zu sehen? Haben Sie es nicht satt, sich mit dem Missionsbefehl abzumühen, ohne einen Beweis dafür liefern zu können, dass das Reich Gottes funktioniert? Viele von uns waren wie ein Staubsaugervertreter, der an die Türe kommt, etwas Dreck auf den Boden wirft und sagt: „Ich bin Vertreter der Staubsaugerfirma Saugzauber. Mein Staubsauger ist so stark, dass Sie beim Saugen Ihre Haustiere und kleinen Kinder aus dem Zimmer bringen müssen. Er schluckt alles, was ihm in die Quere kommt." Doch statt Ihnen den Staubsauger vorzuführen, drückt er

Ihnen einfach eine Broschüre in die Hand, versichert Ihnen, dass das Gerät funktioniert und geht davon. Das ist Betrug! Und doch predigen wir oft genau so das Evangelium. Wir erzählen den Leuten, wie toll das Produkt ist, doch wir zeigen oder beweisen es nur selten. Es ist so, wie wenn man sagt: „Hallo! Mein Name ist Bill Johnson. Ich vertrete den König und Sein Königreich. Er heilt alle Ihre Krankheiten, befreit Sie von all Ihrer Qual und beseitigt das ganze Chaos in Ihrem Leben. Ich kann Ihnen jedoch nicht zeigen, wie. Sie müssen es einfach glauben. Auf Wiedersehen!"

Meinen Sie nicht auch, dass wir falsch definiert haben, wie das Königreich Gottes funktioniert, und somit an der Hauptsache dessen vorbeigehen, was Jesus uns gelehrt hat? Gewisse Leute lehren, dass das Reich Gottes für einen Zeitpunkt in der fernen Zukunft oder in der Vergangenheit bestimmt ist, doch nicht für das Jetzt und Heute. Manche schreiben alle Verheißungen Gottes dem Tausendjährigen Reich oder der Ewigkeit zu, weil die geläufige Meinung ist, dass wir es gerade so in den Himmel schaffen können. Doch Jesus lehrte und zeigte uns, dass das Reich Gottes eine Realität der Gegenwart ist; es besteht jetzt im unsichtbaren Bereich und ist allem im sichtbaren Bereich übergeordnet. Genauso, wie Jesus ganz Gott und ganz Mensch war, ist das Reich Gottes ganz gegenwärtig und ganz zukünftig. Während Seines Dienstes hat Er uns gezeigt, wie man die Kraft des Königreiches benutzt, um den Werken des Teufels an den Kragen zu gehen. Unser Dienst sollte das gleiche tun.

Wir können uns nicht selbst bevollmächtigen und uns darauf verlassen, dass unsere Dienstgaben schon den Missionsbefehl ausführen werden. Wir können es uns nicht leisten, losgelöst von dem übernatürlichen Eingreifen der Realität des Reiches Gottes zu arbeiten. Unser Auftrag war nie das, was wir für Gott tun können, sondern das, was Gott durch uns tun kann. Normales Christentum bedeutet, dass wir das Kernstück des Evangeliums ausleben, indem wir das tun, was Jesus tat, und die Werke des Teufels zerstören.

Zum Nachdenken

1. Wie bringen Sie Ihren Nachbarn und Arbeitskollegen die Realität des Himmels nahe, und nicht nur die Lehre über den Himmel? Wie nehmen Sie die Realität des Königreiches mit dorthin, wo Sie hingehen? Wie „normal" ist Ihr Leben als Christ?

   ....

   ....

   ....

2. Kennen Sie jemanden, der den Missionsbefehl erfolgreich ausführt? Sie können Erfolg messen, indem Sie auf die Zeichen des Reiches Gottes achten: *„Denn das Reich Gottes ist nicht Essen und Trinken, sondern Gerechtigkeit und Friede und Freude im Heiligen Geist. "* (Römer 14,17) Wie sind Gerechtigkeit, Friede und Freude dem Handeln dieser Person gefolgt? Was können Sie von ihm oder ihr lernen?

   ....

   ....

   ....

Meditation

Die einzige Möglichkeit, wie wir beständig die Werke des Königreiches vollbringen können, ist, dass wir die Wirklichkeit aus Gottes Blickwinkel aufzeigen. Das meint die Bibel mit der Erneuerung unseres Sinnes. Der Kampf findet in Ihren Gedanken statt. Gott hat sie als Torhüter der übernatürlichen Realität bestimmt, von der Er will, dass Sie sie Ihrer Umwelt gegenüber zum Ausdruck bringen.

Ein nicht erneuerter Sinn bringt Gott wenig. Er ist wie eine verstimmte Taste beim Klavier, die man irgendwann auslässt, weil sie die Musik beeinträchtigt. Wenn Sie nicht im Gleichklang mit dem Sinn Christi sind, werden Sie nur selten gebraucht werden, weil Ihre Gedanken den Gedanken des Herrn entgegen stehen. Es ist besser, wenn Sie sich von Ihrer Umwelt abheben, weil Sie das Reich Gottes mitbringen und es mit dem Reich der Finsternis zusammenprallt.

Legen Sie Ihre vorgefassten Vorstellungen beiseite. Bitten Sie den Herrn, Ihren Sinn heute etwas weiter zu erneuern.

Kapitel 38

DIE KRAFT VON FREUNDEN

BILL JOHNSON

Unsere engen Freundschaften, besonders die mit unseren Ehepartnern, sind gewaltig, weil sie auf ein Bündnis gegründet sind. Ein Bündnis basiert auf einem Übereinkommen, durch das die geistliche Realität, die Ihr Leben beherrscht, auf die andere Person überfließen kann – und umgekehrt. Deshalb ist es so wichtig, Freundschaften mit Menschen aufzubauen, deren Leben beständig die Frucht des Reiches Gottes widerspiegelt. Wenn wir solche Freundschaften mit Leuten des Glaubens pflegen, bleiben wir mit einer wachsenden Quelle der Kraft verbunden, die sich oft entscheidend auf unsere Fähigkeit auswirkt, in schwierigen Zeiten auszuharren.

Ich bin gesegnet, weil ich enge Freundschaften mit Leuten habe, die einen authentischen Glauben haben. Ich bin schon so oft aufgebaut und gestärkt worden, einfach nur deshalb, weil ich mit ihnen zusammen war. Oft bin ich nicht fähig, die schwierige Situation, in der ich mich gerade befinde, zu erwähnen und doch gehe ich ermutigt davon. Dafür gibt es mehrere Gründe. Erstens sorgen unsere Liebe und Ehrerbietung füreinander für einen lebendigen Austausch, wenn wir zusammenkommen. Weil meine Freunde Menschen des Glaubens sind, verbreiten sie automatisch

Hoffnung, Verheißungsvolles und Freude. Wenn ich Zeit mit ihnen verbringe, dauert es nicht lange, bis ich von ihrer ansteckenden Einstellung und ihrer guten Stimmung profitiere. Doch das Beste ist: Bundesfreundschaften, die darauf aufbauen, dass man sich gegenseitig im Geist kennt, rufen uns zu unserer wahren Identität in Christus zurück. Sie erfrischen unsere Verbindung zu unserer Bestimmung und erneuern unser Verständnis darüber, wer wir in Christus sind. Wenn unsere Sicht für diese Dinge erneuert wird, kommt normalerweise auch unsere Kraft zurück. Deshalb weiß ich, dass ich mir in meiner Müdigkeit oder Entmutigung am besten einen Freund schnappe und Zeit mit dieser Person verbringe, um selbst wieder gestärkt zu werden.

Andererseits habe ich auch herausgefunden, dass ich mich von Leuten fernhalten muss, die gerne klagen oder kritisieren. Hauptsächlich dann, wenn ich emotional empfindlich oder auch nur körperlich müde bin. Ich habe persönlich immer klare Grenzen gesetzt, was meinen Umgang mit Leuten betrifft, die aus einem negativen und ungläubigen Herzen heraus sprechen. Ich diene solchen Leuten normalerweise gerne, doch ich gebe ihnen keinen Zugang zu meinem Leben. Wenn es mir an Kraft mangelt, gehe ich ihnen jedoch absichtlich aus dem Weg. Das klingt vielleicht nicht sehr mitfühlend, doch ich bin als Einziger dafür verantwortlich, mein Herz von Zweifel und Anklage freizuhalten. Und ich bin der Einzige, der für mich erkennen kann, wann ich für den Einfluss von Leuten, die sich mit diesen Geistern eins machen, anfällig bin. Salomo warnte uns vor den Auswirkungen der Persönlichkeiten und Werte von Menschen, als er schrieb: *„Lass dich nicht ein mit einem Zornigen, und mit einem Mann, der sich schnell erregt, verkehre nicht, damit du dich nicht an seine Pfade gewöhnst und deinem Leben eine Falle stellst!"* (Sprüche 22,24-25)

Mal ehrlich: Nicht jeder gottlose Ratschlag kommt von den Gottlosen. Viele Christen meinen es zwar gut, doch fehlt ihnen oft die Perspektive des Glaubens, nach der ich mich ausstrecke. Sie versuchen, mich ihnen gleich zu machen anstatt, dass sie mir dabei helfen, mein Vertrauen auf Gott zu stärken. Meine Aufgabe ist es, mich vor solchem Einfluss zu schützen, besonders wenn ich verletzlich bin. Das Herz ist ein Garten. Manche pflanzen darin Unkraut, und andere pflanzen das Königreich Gottes. Meine und Ihre Aufgabe ist es, den Unterschied zwischen den beiden zu erkennen.

In den Evangelien werden Begebenheiten erwähnt, bei denen Jesus mit Seinen Jünger die Menschenmengen verließ, um sich auszuruhen und mit ihnen zusammen zu sein. Die Zeugnisse der Erweckungsgeschichte zeigen uns, dass nur sehr wenige Männer und Frauen Gottes lernen, wie und wann sie das tun müssen. Diese Personen hatten eine wunderbare Salbung und brachten Tausenden Rettung, Heilung und Befreiung. Doch es fehlte ihnen an Weisheit zu erkennen, dass sie ihren Dienst nicht aufrecht erhalten können, wenn sie es nicht lernen, sich lange genug von der Masse zu entfernen, um sich auszuruhen und die lebensspendenden Beziehungen mit der Familie und Freunden zu pflegen, um so ihren Fokus wieder auf das Reich Gottes zu richten. Als Folge davon sind viele Erweckungsprediger jung gestorben, und viele ihrer Familienmitglieder litten sowohl körperlich als auch geistlich darunter.

Wir können es uns nicht leisten, die Lehren dieser Geschichten zu verpassen. Uns muss klar sein, dass wir Menschen mit Bedürfnissen anziehen werden, wenn Gott uns ein größeres Maß Seiner Gunst und Salbung anvertraut, um unsere Bestimmung als königliche Priesterschaft zu erfüllen. Und diese Bedürfnisse der Menschen können einen enormen Druck auf uns ausüben. Dieser Druck offenbart Teile unseres Herzens, denen es mehr darum geht, die Erwartungen anderer zu erfüllen, als das zu tun, was Jesus tut. In Seinem Dienst stillte Jesus die Bedürfnisse vieler Menschen, doch Er ging auch an vielen Bedürftigen vorüber. Er verstand, dass Er nur erfolgreich sein konnte, wenn Er darauf achtete, dass Er nicht durch menschliche Bedürfnisse, sondern durch das Herz Seines Vaters zum Handeln angeregt wurde.

Die Kraft, die in unserer Vertrautheit mit dem Vater, dem Sohn und dem Heiligen Geist und in den engen Bundesfreundschaften in unserem Leben liegt, wird in hohem Maße darüber bestimmen, ob wir mit einem starken Glauben und freudigem Gehorsam Gott gegenüber dienen können, oder ob wir nur versuchen, Menschen zu gefallen und zu helfen.

Die Leute, die sich im Namen von Dienstbeziehungen am ehesten übernehmen, haben meist mit Vertrautheit, mit Gott und mit anderen, zu kämpfen. Ihr Dienst kann ihnen das großartige Gefühl geben, mit anderen verbunden und geliebt zu sein. Doch in Wahrheit sind Burnout und Kompromisse vorprogrammiert, wenn ihnen die Verbindlichkeit von Bundesfreundschaften fehlt. Darum zieht Gott viele Seiner Diener für eine gewisse Zeit aus dem Dienst, nur damit sie es lernen, mit Ihm befreundet zu sein, und nicht nur für Ihn zu arbeiten.

Alle wahre Fruchtbarkeit kommt aus der Vertrautheit mit Gott.

Zum Nachdenken

1. Haben Sie enge Freundschaften mit starken Gläubigen; Freundschaften, die Sie als „Bundesfreundschaften" bezeichnen könnten? Schreiben Sie einige Eigenschaften auf, die diese Beziehungen einzigartig machen. Bestimmen Sie, wie Sie solche Freundschaften pflegen oder auch zunächst erst einmal aufbauen können.

   ....

   ....

   ....

2. Nennen Sie einige konkrete Beispiele, wie Ihnen Ihre göttlichen Freundschaften in Ihrem Glaubensleben geholfen haben. Nennen Sie einige Beispiele, wie Ihr Glaubensleben durch Beziehungen mit Ungläubigen oder mit schwachen Christen, die aus ihrem fleischlichen Denken heraus handeln, gehindert wurde.

   ....

   ....

   ....

3. Wer würde zu Ihrer Beerdigung kommen, wenn Sie heute sterben würden? Was würden sie in ihrer Grabrede über Ihr Vermächtnis sagen?

   ....

   ....

   ....

Meditation

Die meisten Menschen des Glaubens, die in Zeiten der Not beständig einen positiven Beitrag zu Ihrem Leben leisten können, sind auch Menschen mit einem großartigen Sinn für Humor. Wenn Sie jemand sind, der in schwierigen Zeiten nicht lacht, brauchen Sie solche Freunde. Man benötigt Glauben, um im Angesicht einer Probe dennoch voller Freude zu sein. Wenn Sie Zeit mit Leuten verbringen, denen Sie genügend vertrauen, damit Sie sich in ihrer Nähe entspannen können, begünstigen Sie dadurch eine Atmosphäre, in der Sie leicht und oft lachen.

Auch wenn das seltsam klingen mag: Manchmal müssen Sie sich nicht in Ihr Gebetskämmerchen zurückziehen oder auf eine Freizeit gehen; Sie müssen nur lustige Geschichten erzählen, freudige Erfahrungen teilen und lernen, über sich selbst zu lachen. Freunde des Glaubens, die die gute Medizin des Lachens verabreichen können, sind oftmals alles, was der Arzt verschreibt.

Denken Sie daran, wenn Sie mal wieder einen Freund brauchen, oder wenn es dran ist, dass Sie einem Freund in Not Halt geben.

Kapitel 39

ERSTE LIEBE
BANNING LIEBSCHER

Ich traute meinen Ohren nicht. Elena, eine unserer Leiter auf dem Highschool-Gelände, saß in meinem Büro und informierte mich über den aktuellen Stand unserer Campus-Arbeit, die wir gerade angefangen hatten. Ihre Aufgabe bestand darin, christliche Schüler dazu zu bringen, auf dem Schulgelände zu beten. Und sie sollte Treffen für andere christliche Schüler organisieren, bei denen sie sie herausforderte, für fünf ihrer Freunde zu beten, die nicht gerettet sind. Unser Ziel war, dass jede Woche namentlich für jeden Schüler gebetet wurde, der kein Christ war. Elena hatte sich mit einer Handvoll anderer Christen zusammengeschlossen und angefangen, wöchentliche Gebetszeiten zu organisieren. Doch nur wenige Wochen später kamen ihre christlichen Freunde zu ihr und sagten, dass sie kein Interesse mehr am Gebet hätten und von nun an nicht mehr zu den wöchentlichen Gebetstreffen kommen würden.

Als sie mir das erzählte, war ich erstaunt. Mir kam es so unnatürlich vor, dass junge Christen, oder Christen überhaupt, keine Leidenschaft für die Dinge Gottes hatten. Genauer gesagt erschien es mir abnormal, dass Christen Gott nicht leidenschaftlich liebten. Sollte leidenschaftliche Liebe nicht das erste Kennzeichen für uns Gläubige sein?

Leider hat ein Großteil der Kirchen den Gedanken verbreitet, dass das Gütesiegel im Leben eines Gläubigen seine Fähigkeit ist, gewisse geistliche Disziplinen auszuüben: regelmäßig in die Kirche gehen, die Bibel lesen und schlechte Dinge vermeiden. Doch das Christentum war nie als Leben voller Disziplinen gedacht. Es sollte schon immer ein Leben voller Leidenschaft sein.

Das Natürlichste im Leben eines Christen ist, dass er leidenschaftlich in Jesus verliebt ist, und dass diese brennende Liebe sein ganzes Sein und Tun durchdringt. Als Menschen sind wir dazu geschaffen, leidenschaftlich zu leben, und wir werden von denen angezogen, die diese Leidenschaft besitzen. Ich glaube, dass Leidenschaft uns anzieht, weil etwas in unserem Inneren weiß, dass es so gedacht ist, dass wir unser Leben für etwas Größeres hingeben. Leidenschaftliche Liebe ist die einzige Kraft, die stark genug ist, dass wir trotz unserer Bequemlichkeit bereit sind, Opfer zu bringen. Disziplin wird dazu nie ausreichen. Ich glaube fest an christlichen Disziplinen und ermutige auch Christen dazu. Doch sie können niemals die Antriebskraft in unserem Leben sein.

Meine Ehe mit meiner Frau ist keine Ehe der Disziplinen. Obwohl es gelogen wäre zu sagen, dass jeder Tag in der Ehe vor leidenschaftlicher Liebe fast zerplatzt, bin ich doch mit meiner Frau verheiratet, weil ich sie innig liebe, und nicht, weil ich mit ihr einen Geschäftsvertrag abgeschlossen habe. Es stimmt, dass Liebe eine Entscheidung ist, und nicht nur ein Gefühl; doch ich wache nicht jeden Morgen auf und sage: „Heute entscheide ich mich dazu, meine Frau zu lieben." Meine Leidenschaft für meine Frau erfüllt mein Herz und motiviert mich dazu, mein Versprechen zu erfüllen, den Rest meines Lebens mit ihr zu verbringen.

Im Buch der Offenbarung finden wir einen der größten Schlüssel, um eine wachsende Leidenschaft für Gott aufrecht zu erhalten. Als der Apostel Johannes auf der Insel Patmos im Exil war, wurde er in den Himmel entrückt und sah Jesus von Angesicht zu Angesicht. In dieser Begegnung gab Jesus Johannes bestimmte Botschaften, die er an unterschiedliche Gemeinden schreiben sollte. Die Botschaft, die Er der Gemeinde in Ephesus übermittelte, lautete, dass Er ihre guten Werke sah, aber eine Sache gegen sie hatte: *„Aber ich habe gegen dich, dass du deine erste Liebe verlassen hast. Denke nun daran, wovon du gefallen bist, und tue Buße und tue die ersten Werke!"* (Offenbarung 2, 4-5)

Ich bin in der Kirche groß geworden und habe viele Predigten zu dieser Schriftstelle gehört. Die Botschaft klang immer ungefähr so: „Als du gerettet wurdest, branntest du ganz automatisch für Gott und lebtest ein Leben voller Leidenschaft. Du hast es geliebt zu beten, die Bibel zu lesen, Leute in die Gemeinde einzuladen, und deinen Glauben zu bezeugen. Doch irgendwann im Laufe deines christlichen Lebens begann dein Feuer und deine Leidenschaft für Gott nachzulassen." Als Schlussfolgerung wurden wir immer dazu aufgefordert, zu unserer „ersten Liebe" zurückzukommen, indem wir uns daran erinnerten, wie wir als junge Christen gelebt haben, und wieder neu anfingen, so zu leben.

Man muss uns zugute halten, dass wir wirklich versucht haben, das zu tun; doch da wir mehr aus Pflichtbewusstsein als aus wahrer Leidenschaft heraus gehandelt haben, ergaben unsere Bemühungen selten die erwünschten Ergebnisse, und der Versuch hielt nur kurz an.

Nun kommt ein radikaler Gedanke: Ich bin mir nicht so sicher, dass es in diesem Abschnitt darum geht, dass wir Jesus wie am Anfang lieben sollen. An anderer Stelle schreibt Johannes: *„Wir lieben, weil Er uns zuerst geliebt hat. "* (1. Johannes 4,19) Ich glaube nicht, dass Jesus den Ephesern sagte, dass sie Ihn wie am Anfang lieben sollen; ich bin stattdessen davon überzeugt, dass Er ihnen sagte, sie sollten wieder zu der Offenbarung zurückkommen, dass Er sie zuerst geliebt hat.

Die Offenbarung Seiner Liebe zu uns weckt unsere Liebe zu Ihm. Wenn Sie Seine verzehrende Liebe zu Ihnen erleben, ist es die natürliche Reaktion, dass Sie sich völlig in Ihn verlieben. Seine Liebe treibt unsere Liebe in dem Maße an, dass wir uns gar nicht anstrengen oder abmühen müssen, um ein Leben voller Leidenschaft zu leben. Das kommt wie von selbst und ist ganz natürlich.

Jesus lehrte Seine Jünger: *„Wie der Vater mich geliebt hat, habe auch ich euch geliebt. Bleibt in meiner Liebe!"* (Johannes 15,9) Was für eine überwältigende Aussage! Jesus liebt uns so, wie Gott, der Vater, Ihn liebt. Es gibt keine größere Liebe. Dann hat Er uns dazu berufen, in dieser Liebe zu bleiben. Er hat nicht gesagt, dass wir versuchen sollen, die Liebe wiederherzustellen, die wir einmal hatten, als wir gerettet wurden, und dann in unserer Liebe zu Ihm zu bleiben. Er möchte vielmehr, dass wir in Seiner fortwährenden, ununterbrochenen Liebe zu uns bleiben. .

Wir haben in unserem Leben jeden Tag die Möglichkeit, in der extremsten, eifrigsten, übertriebensten, wildesten, atemberaubendsten Liebe zu bleiben, die man sich nur vorstellen kann. Wenn wir das lernen, wird unsere natürliche Antwort immer sein, dass wir Ihn auch mit verschwenderischer Liebe lieben.

Zum Nachdenken

1. Hat dieses Kapitel Ihre Interpretation von Offenbarung 2,4-5 verändert? („*... dass du deine erste Liebe verlassen hast. Denke nun daran, wovon du gefallen bist, und tue Buße und tue die ersten Werke!*") Was ist jetzt Ihr nächster Schritt?

   ....

   ....

   ....

2. Wann haben Sie sich zum ersten Mal in Jesus verliebt? Ist das durch eine Offenbarung Seiner Liebe zu Ihnen passiert? Ist Ihr Erleben Seiner Liebe verblasst? Wenn sie wieder erneuert wurde, was hat diese Erneuerung angefacht?

   ....

   ....

   ....

3. Wie passen die christlichen Disziplinen und ein Leben voller leidenschaftlicher Liebe zu Jesus zusammen?

   ....

   ....

   ....

Meditation

Bleibe.
Ruhe. Hoffe. Vertraue. Liebe.
Verweile. Genieße.
Bleibe.
Werde erfrischt.
Schalte einen Gang zurück.
Entspanne. Atme. Sei frei.
Erlebe.
Engagiere dich. Baue aus.
Empfange. Wachse. Bleibe.
Bleibe.

Kapitel 40

SEINE HEIMSUCHUNG WILLKOMMEN HEISSEN

BILL JOHNSON

Die Geschichte ist voll von Leuten, die für eine Heimsuchung Gottes gebetet haben. Als die Heimsuchung dann kam, haben sie sie nicht erkannt. Das geschah sogar den Christen, die eine starke Beziehung zu Gott hatten. Viele Gläubige besitzen eine Art von Blindheit, die die Welt nicht hat. Die Welt kennt ihre Bedürfnisse. Doch viele Christen erkennen ihre eigene Bedürftigkeit nicht mehr. Die Fähigkeit, Gottes Wirken zu erkennen hat etwas damit zu tun, ob man verzweifelt genug ist, Gott zu suchen.

„Daher, wer zu stehen meint, sehe zu, dass er nicht falle." (1. Korinther 10,12) Matthäus sagt, dass die mit einem „abgestumpften Herzen" nicht sehen können (siehe Matthäus 13,15). Ein stumpfes Messer ist viel benutzt worden. Das deutet darauf hin, dass jemand mit einem abgestumpften Herzen zwar seine Geschichte mit Gott hat, jedoch nicht an dem dran blieb, was Gott tat. Wir behalten unsere scharfe Klinge, wenn wir unsere Bedürftigkeit sehen und Jesus leidenschaftlich nachfolgen.

Die „erste Liebe" ist von Natur aus leidenschaftlich und überschattet alle anderen Bereiche im Leben. Der Geist Jesu sagte der Gemeinde in Ephesus, dass Er ihren „Leuchter" wegnehmen würde, wenn sie nicht zu ihrer ersten Liebe zurückkehren würden (siehe Offenbarung 2,5). Die Theologen sind sich nicht ganz einig, wofür dieser Leuchter steht; doch eines ist sicher: Lampen ermöglichen es, dass man etwas sieht. Ohne ihren Leuchter würde die Gemeinde in Ephesus ihre Wahrnehmungsfähigkeit verlieren. Blindheit oder Stumpfheit bringen uns nicht immer unbedingt in die Hölle. Sie führen uns jedoch auch nicht in die Fülle der Absichten Gottes hinein. Keine Leidenschaft der ersten Liebe – kein Leuchter.

Durch die Kirchengeschichte hindurch kann man sehen, dass die, die ein Wirken Gottes abgelehnt haben, im Allgemeinen diejenigen waren, die die vorhergegangene Bewegung miterlebt haben. Viele sind zu dem Schluss gekommen, dass sie „angekommen" sind. Sie standen unter dem Eindruck, das ultimative Wirken Gottes erlebt zu haben. Doch Gott wirkt immer Neues. Wenn wir nach Ihm hungern, müssen wir die Veränderungen, die eine Begleiterscheinung seiner „neuen Dinge" sind, annehmen. Leidenschaft für Gott hält uns frisch und rüstet uns dafür aus, eine Heimsuchung Gottes zu erkennen, selbst wenn andere sie ablehnen.

Wenn jemand eine große Not hat, kann er erkennen, wenn Gott etwas Neues tut. Diese große Not muss nicht etwa Drogenabhängigkeit oder Prostitution sein. Alle Christen sollten in ihrem Herzen verzweifelt nach Gott schreien. Jesus sprach diese Tatsache mit folgenden Worten an: „*Glückselig die Armen im Geist, denn ihrer ist das Reich der Himmel.*" (Matthäus 5,3) Um im Zentrum Seines Wirkens verankert zu sein, müssen wir arm im Geist bleiben und von einer Leidenschaft der ersten Liebe für Jesus verzehrt werden.

Wenn die Kirche anfängt, sich nach der Wiederkunft des Herrn zu sehnen anstatt nach einem größeren Durchbruch im Missionsbefehl, begeben wir uns, anstatt das Licht der Welt zu sein, auf die Flucht. Wenn wir wollen, dass Jesus jetzt wiederkommt, bedeutet das, dass Milliarden von Menschen dazu verurteilt werden, für immer in der Hölle zu landen. Das heißt nicht, dass wir uns nicht nach dem Himmel sehnen sollen. Paulus sagte, dass der Himmel ein Trost für die Christen ist. Doch wenn wir uns das sofortige Ende aller Dinge herbei wünschen, sprechen wir damit das Gericht über die gesamte Menschheit, die sich außerhalb von Christus befindet. Selbst Paulus wollte nicht nach Korinth zurückkehren, bevor nicht der Gehorsam der Korinther vollkommen war. Will Jesus, der Eine, der für alle Sünden bezahlt hat, vor dieser letzten großen Ernte wiederkommen? Ich glaube kaum.

Ich glaube, dass das Verlangen, gleich in den Himmel zu kommen, im Gegensatz dazu steht, zuerst nach dem Reich Gottes zu trachten. Viele Erweckungsprediger hatten solch entscheidende Durchbrüche, dass sie jeden Augenblick erwarteten, dass der Herr wiederkommt. Infolgedessen rüsteten sie die Gemeinde nicht für das aus, wofür sie eigentlich begabt worden war – so erreichten sie zwar die Menschenmassen, aber nicht die Nationen und Generationen. Wir müssen so planen, als hätten wir unser ganzes Leben noch vor uns und wir müssen so arbeiten und beten, als bliebe uns nur noch sehr wenig Zeit.

Viele Gottesdienste werden so gestaltet, dass sie so wenig wie möglich Anstoß erwecken. Dabei geht man davon aus, dass der Gebrauch der Geistesgaben die Leute vertreibt und sie sich vom Evangelium abwenden. Doch die Mehrheit hat sich davon abgewandt. Meistens schrecken ausdrucksstarke Anbetung, das Dienen in den Geistesgaben und Ähnliches nur Christen ab, die unglücklicherweise gelehrt worden sind, dass diese Dinge schlecht sind. Viele von den eben Genannten öffnen sich erst dann solchen Dingen, wenn sie vor einer unmöglichen Situation stehen und die Hilfe von jemandem brauchen, der Erfahrung mit dem Evangelium der Kraft hat.

Die Kirche hat eine ungesunde Sucht nach Perfektion, die kein Durcheinander zulässt. Dieser Standard der Perfektion kann nur erfüllt werden, wenn man den Gebrauch der Geistesgaben einschränkt oder ganz ablehnt. Der Abschnitt, der oft zitiert wird, steht in 1. Korinther 14,40: *„Alles aber geschehe anständig und in Ordnung."* Doch „alles" bezieht sich hier auf die Manifestationen des Heiligen Geistes. Man braucht also zuerst einmal etwas von „allem", bevor man das Recht hat, ihm eine Ordnung aufzuerlegen.

Es ist zu unserem großen Auftrag geworden, alles schön in Ordnung zu halten. Die Gaben des Geistes behindern unseren Ordnungsdrang. Doch um zu wachsen ist etwas Unordnung notwendig. In Sprüche 14,4 steht: *„Ein leerer Stall bleibt zwar sauber, aber ohne Rinder gibt es keinen Ertrag!"* (Hoffnung für alle)

Wie wichtig ist Wachstum für Gott? Jesus verfluchte einmal einen Feigenbaum, weil er außerhalb der Erntezeit keine Früchte trug (siehe Markus 11,13-14)! Ein Mann in einem Gleichnis wurde in die Finsternis geworfen, weil er sein Geld vergraben und seinem Meister keinen Gewinn eingebracht hatte (siehe Matthäus 25,24-30). Es besteht ein großer Unterschied zwischen wohlgeordneten Friedhöfen und chaotischen Kinderzimmern.

Wir verpassen Gott, wenn wir so leben, als hätten wir Ihn schon durchschaut. Wenn wir glauben, dass wir Ihn verstanden haben, dann haben wir Ihn wahrscheinlich nur unserem Bild angepasst. Wenn wir darum bemüht sind, Ihn kennenzulernen, ist das so, wie wenn wir uns auf ein Abenteuer einlassen, bei dem mehr Fragen auftauchen als beantwortet werden. Was Er tut, übersteigt immer unsere Vorstellungskraft:

> *Dem aber, der über alles hinaus zu tun vermag, über die Maßen mehr, als wir erbitten oder erdenken, gemäß der Kraft, die in uns wirkt, Ihm sei die Herrlichkeit in der Gemeinde und in Christus Jesus auf alle Geschlechter hin von Ewigkeit zu Ewigkeit! Amen (Epheser 3,20-21)*

Zum Nachdenken

1. Woran denken Sie, wenn Sie das Wort „Heimsuchung"
   lesen? Ist für Sie die Aussicht auf eine persönliche Heimsuchung vom Himmel begrüßenswert?

   ....

   ....

   ....

2. Haben Sie in der Vergangenheit eine sogenannte echte
   Erweckung miterlebt, eine Zeit der besonderen Heimsuchung Gottes? Wie hörte diese Zeit auf (wenn sie
   denn zu Ende ist)? Wenn Sie aufgehört hat, glauben Sie,
   dass Sie die Erweckung wieder aufleben lassen könnten?
   Warum oder warum nicht?

   ....

   ....

   ....

3. Denken Sie über diese Worte nach: „Keine Leidenschaft
   der ersten Liebe – kein Leuchter." Wie können Sie die
   Wahrheit dieser Aussage mit Ihrer eigenen Erfahrung
   verdeutlichen?

   ....

   ....

   ....

Meditation

Maria empfing Besuch von einem Engel. Er überbrachte ihr die schockierendste Nachricht, die je einem Menschen übermittelt wurde: Sie würde das Christkind zur Welt bringen.

Genauso wie Maria, so haben die Leute, die eine geistliche Begegnung haben, nur selten ein sofortiges Verständnis dessen, was Gott tut, und warum Er es tut. Manchmal wollen ihre engsten Freunde sie abschreiben und behaupten, dass es ein Wirken des Teufels sei. Oftmals werden sie im Leib Christi als Randfiguren angesehen. Natürlich ist ein Stigma an sich keine Garantie dafür, dass das, was eine Person erlebt hat, wirklich das Wirken Gottes ist. Doch es kann uns davon abschrecken, uns nach einer Heimsuchung des Himmels auszustrecken, dass wir befürchten, vielleicht als Ketzer oder zumindest als verblendet abgestempelt zu werden.

Lassen Sie sich in Ihrer eigenen Suche nach Gott nicht von solchen Ängsten ablenken oder abhalten. Suchen Sie leidenschaftlich Sein Angesicht. Er wird Sie sicher führen:

Dem aber, der euch ohne Straucheln zu bewahren
und vor Seine Herrlichkeit tadellos mit Jubel hin-
zustellen vermag, dem alleinigen Gott, unserem Retter durch Jesus Christus, unseren Herrn,
sei Herrlichkeit, Majestät,
Gewalt und Macht
vor aller Zeit und jetzt und in alle Ewigkeiten!
Amen. (Judas 24-25)

Über die Autoren

Bill und **Beni Johnson** sind die Hauptpastoren der Bethel Gemeinde in Redding, Kalifornien. Gemeinsam betreuen sie ein wachsendes Netzwerk von Kirchen, deren Fokus auf Erweckung liegt. Bill ist Pastor der fünften Generation und trägt ein reiches geistliches Erbe mit sich. Beni ist verantwortlich für die Fürbitter und das Bethel Gebetshaus, durch das allen Zugang zu einer übernatürlichen Verbindung zum Herrn gewährt wird. Ihre drei Kinder sind allesamt mit ihren Partnern im vollzeitlichen Dienst. Außerdem haben sie acht wunderbare Enkelkinder.

Kris Vallotton ist der Autor von vier weiteren Büchern und weltweit ein gefragter Redner bei Konferenzen. Er ist der zweite Pastor der Bethel Church in Redding, Kalifornien. Er ist seit 32 Jahren mit seiner hübschen Frau Kathy verheiratet. Sie haben vier erwachsene Kinder sowie sieben Enkelkinder.

Kevin Dedmon hat einen Reisedienst, der sich darauf konzentriert, die Kirche für übernatürliche Evangelisation durch Zeichen und Wunder, Heilung und das Prophetische auszurüsten, zu befähigen und zu aktivieren. Er hat einen Abschluss in Gemeindeleiterschaft der Vanguard Universität und steht seit über 25 Jahren im vollzeitlichen Dienst. Er und seine Frau sind Teil des Mitarbeiterteams der Bethel Church in Redding, Kalifornien.

Danny Silk dient als Pastor in der Verwaltung der Bethel Church in Redding, Kalifornien. Er ist vorrangig damit beschäftigt, das Mitarbeiterteam voranzubringen und die Dienste in der Gemeinde zu leiten. Dazu gehören auch das Transformation Center, Einsätze in der Stadt und die Heilungsräume. Danny und seine Frau Sheri sind außerdem auch Gründer von „Loving On Purpose", einer Organisation, die Familien und Gemeinschaften auf der ganzen Welt dient.

Banning Liebscher ist seit über 10 Jahren Mitarbeiter in der Bethel Church in Redding, Kalifornien. Er und seine Frau Seajay sind die Leiter von Jesus Culture, einem Dienst, welcher der weltweiten Mobilisierung, Ausrüstung, Aktivierung und Aussendung einer neuen Generation von Erweckungspredigern gewidmet ist. Diese Erweckungsprediger begegnen Gott, brennen vor Leidenschaft für Jesus, werden im Bereich des Übernatürlichen geschult und ausgerüstet und dann in ihre Städte geschickt um dort mit Vollmacht zu dienen. Früher war Banning der Jugendpastor der Bethel Church, und beaufsichtigte die „School of Supernatural Ministery".

Bücher aus der Bethel-Gemeinde in Redding/Kalifornien im Grain-Press Verlag

Bücher aus der Bethel-Gemeinde in Redding/Kalifornien im Grain-Press Verlag

Bücher aus der Bethel-Gemeinde
Veröffentlichung in 2014